O GOSTO PELA VIDA EM COMUM

CB124054

Claude Habib

O gosto pela vida em comum

Uma reflexão otimista e bem-humorada sobre os relacionamentos

Tradução
Véra Lucia dos Reis

OBJETIVA

Copyright © 2014 by Flammarion, Paris

Grafia atualizada segundo o Acordo Ortográfico da Língua Portuguesa de 1990, que entrou em vigor no Brasil em 2009.

Título original
Le Goût de la vie commune: Un éloge de la vie à deux

Capa e foto de capa
Milena Galli

Preparação
Diogo Henriques

Revisão
Nana Rodrigues
Jane Pessoa

Dados Internacionais de Catalogação na Publicação (CIP)
(Câmara Brasileira do Livro, SP, Brasil)

Habib, Claude
O gosto pela vida em comum: Uma reflexão otimista e bem-humorada sobre os relacionamentos / Claude Habib ; tradução Véra Lucia dos Reis. – 1ª ed. – Rio de Janeiro : Objetiva, 2017.

Título original: Le Goût de la vie commune: Un éloge de la vie à deux.
ISBN 978-85-470-0042-4

1. Casais – Aspectos psicológicos 2. Relacionamentos 3. Relações amorosas 4. Relações interpessoais I. Título.

17-05285 CDD-158.2

Índice para catálogo sistemático:
1. Relacionamentos : Psicologia aplicada 158.2

[2017]
Todos os direitos desta edição reservados à
EDITORA SCHWARCZ S.A.
Praça Floriano, 19 — Sala 3001
20031-050 – Rio de Janeiro – RJ
Telefone: (21) 3993-7510
www.companhiadasletras.com.br
www.blogdacompanhia.com.br
facebook.com/editoraobjetiva
instagram.com/editora_objetiva
twitter.com/edobjetiva

Onde encontrar algum entusiasmo, alguma certeza de que o homem pode ter algum valor, de que o casamento pode ser um suave, terno e forte laço em lugar de uma consumição, uma pesada e contudo frágil corrente?

ISABELLE DE CHARRIÈRE, 30 de agosto de 1790

Sumário

Uma pergunta em suspenso

Sou conjugalista por natureza. Gosto quando os amores duram, quando os mal-entendidos são resolvidos; e os erros, perdoados. Gosto quando os desapontamentos são superados, os separados se reencontram e quando ninguém morre no fim. Por isso, muitas vezes me decepciono. As pessoas não param de morrer; isso não as impede de modo algum de se zangarem mortalmente antes.

Conhecendo minhas tendências, não deve ser fácil no dia a dia, para os inconstantes, me contarem suas vidas agitadas. Alguns o fazem, contudo, sabendo que eu não aprovo. É assim mesmo. A amizade tem isso de bom: ela atravessa nossas obsessões.

Uma amiga com pendores para dom-juan me procurou depois de umas pequenas férias. Era uma mulher que não parava de abandonar outras. Deixava para trás um rol de corações partidos, o que não a impedia de ser encantadora. Ela gostava de Proust e de pôquer. Um escroque precisa inspirar confiança; a maioria dos dom-juans são pessoas maravilhosas.

Minha amiga saiu de férias muito apaixonada por uma mulher, uma dessas criaturas a quem nada faltava: beleza, dinheiro, louridão. E longas pernas, e inteligência. Dessa vez não tinha erro, ela esbarrara com a pessoa certa, tudo se apresentava sob os melhores termos: o desejo e os gostos, os interesses comuns.

Depois, na volta, eu a achei triste. Como das outras vezes, ela tinha rompido. Como de costume, a abandonada sofria, apesar da louridão e da inteligência, do belo apartamento e de todas as vantagens da vida. "Tudo bem, concordo que ela está sofrendo, mas e eu, você acha que isso me diverte?" Não, a situação não a divertia, pesava sobre ela, eu tinha de concordar: ela não fazia de propósito. Eu tinha dificuldade em admitir. Quem só ouve um sino ouve apenas um som; eu estava perplexa. Por um lado, tínhamos atingido uma idade em que se tem todo interesse em se fixar:

> As ruínas de uma casa podem ser consertadas
> Que vantagem não seria isso
> Para as ruínas da face![1]

Para falar em prosa: ela corria o risco de perdê-la. Por um lado, e mesmo assim, era difícil que eu tivesse pena dela, permanecia reticente: afinal, não era ela quem gemia num rochedo. Ariadne em Naxos, a outra face do problema.

Hesitamos em ter pena de Teseu. Foi ele quem escolheu, ele se fez ao largo. Além disso, os motivos de Teseu são irritantes, tão superficiais, peculiares... "Não tínhamos nada a nos dizer. Não foi culpa minha." Como dar o menor crédito a isso? Teseu se apresenta como o rei do esquecimento. Mas aquele que parte não se alimenta do desespero que provoca? Como a planta carnívora da mosca que desliza sobre o cálice ou como os vampiros do sangue de suas vítimas? Aliás, prejudicar não rejuvenesce? Enquanto a bondade nos dá uma aparência rechonchuda, um ar de matrona saída da missa, dez anos de vantagem, pelo menos? Não, definitivamente, em vez de ter pena da minha amiga, eu queria uma explicação.

— Ela é perfeita, te ama, e você faz isso com ela?

— Não podia ser diferente. Eu estava entediada.

É desse momento que eu me lembro. Minha amiga me olha intensamente, como um prisioneiro através das grades. Ela não está se gabando, ela sente que ficou presa na compulsão da repetição e gostaria de se libertar, de saber como os outros fazem. Seus olhos castanhos, brincalhões e vivos a maior parte do tempo, se tornaram sérios, olhos de criança, sem desvio. Eles mergulham no fundo dos meus para procurar a resposta: "Como os outros fazem, os casais? Eles devem se entediar, não? Eles não se entediam?".

Eu abaixo os olhos, sem responder. A questão não era direta: ela não me perguntou se eu me entediava ou não. Contudo, dá no mesmo. É uma verdadeira pergunta, um pouco inconveniente, e eu me esquivo.

— Ora, depende.

Não é uma resposta decente, sinto na hora. Mas seria preciso resolver tantas coisas para responder — responder francamente, como se deveria fazer entre amigos, de frente e sem omissão —, corrigir tantas opiniões correntes sobre o prazer e o tédio, que eu me abstenho.

Não escrevo para promover a vida a dois, mesmo que eu não conceba outra.

Escrevo para corrigir essa lacuna na conversa.

Permanecer em repouso num quarto

Ser conjugalista não significa aprovar o aprisionamento. Existem, evidentemente, mil bons motivos para rompermos. O momento do encontro, que parece desvendar o outro por inteiro, esconde de fato numerosas marcas que se descobrem ao longo do tempo. Elas podem ser constrangedoras. Pode-se encontrar o alcoolismo, que não tem graça de manhã. Pode-se descobrir a avareza — o ser ideal se esquece de dar uma moeda ao entregador, mesmo quando está calor, mesmo quando o elevador está enguiçado. Acontece ainda de examinarmos pequenos detalhes, sem querer. Colette fala muito bem de um polegar no lençol. Espesso, obsceno: o polegar do marido que dorme. O detalhe é o que brota; de repente aparece, de repente desagrada. Odiar um polegar não tem nada de frívolo, nitidamente menos do que mentir para si mesmo sobre o que se viu e o que se sentiu. O corpo tem suas razões. Alguns roncos ninam como o ronronar de um gato, mas outros sufocam, de que adianta negar? A menos que haja sólidos motivos religiosos, não vejo razão alguma para se viver contrariado. Se se tem certeza de que só existe uma vida, é preciso dar um jeito de torná-la boa, é um dever fazer um infeliz a menos.

Logo, é preciso se afastar assim que se constatou o desprazer, por um polegar, por uma bobagem. Afastar-se até romper, se for preciso. É o que diz Giraudoux: "Um único ser lhe falta, e tudo se repovoa". Afastar-se pode ser um maravilhoso impulso para outros e para a vida.

Há mil bons motivos para romper, e entediar-se não é um deles. O tédio, no fundo, é a paz, como o limo no fundo do lago. É um fundo muito suave, escorregadio, um pouco inquietante também, porque não se sabe o que ele encerra. Em que vamos pôr os pés? O que há no fundo do fundo? Não temos vontade de ir ver, aliás, de que adianta? Procurar ver ali com clareza é inútil. Além disso, todo mundo tem medo do atolamento, do deslizamento depressivo, do marasmo. Pascal o considerava a pior experiência humana: "Nada é tão insuportável para o homem quanto estar em pleno repouso, sem paixões, sem ação, sem divertimentos, sem aplicação".[1] Não é fácil contradizer Pascal; arrisco-me.

Poucas pessoas evocam a fecundidade do tédio porque ele envergonha: nada é mais comum, nada é mais trivial. Como o limo no fundo da água ou como a poeira sobre a terra, ele se insinua por toda parte. Como o limo ou a poeira, ele não vale nada, é o embaçamento da existência, o contrário do brilho. Como livrar-se dele? Essa deveria ser a única pergunta a se fazer a respeito. É preciso que os paradoxos tenham se esgotado para que se tente defendê-lo. Por trás de toda apologia ao tédio, farejamos a astúcia dos professores, a terrível astúcia dos resolutos que acham que é melhor se entediar um bom bocado, por exemplo, aprendendo a lição imediatamente, para ser livre depois — mais tarde vocês vão me agradecer. Chega desse negócio de crédulos, a verdadeira vida, imediatamente, sem adiamento ou pedágio! A modernidade rejeita o tédio: viva o brilho, vivam as cores que nunca desbotam, e os sons impactantes que celebram a alegria. Abaixo o fosco. Os publicitários sabem bem o que amamos e, para nos agradar, alternam a luz crua, as canções suaves, as cores claras e os sons que furam os tímpanos: tudo o que excita os sentidos e afasta o tédio nos é apresentado como invejável, dia após dia. O desejável é desejável, essa é a base da mensagem publicitária. Ela é repisada como se corrêssemos o risco de esquecê-la.

"Eu sempre tenho alguma coisa para fazer." O tédio é o objeto malvado dos puritanos que idolatram o trabalho, bem como o dos artistas que incensam a criação. A postura marcial, a versão viril da criatividade, consiste em afirmar que a pessoa nunca se entedia. É porque, do tédio, não há como jactar-se. Trata-se de um estado de espírito insocial em último grau. Aquele que se entedia não tem nada a dizer. Ele não vai se gabar de seu dia, nada lhe aconteceu. O que foi que ele fez, então? Ele estagnou. É preciso estar bem seguro de si, bem indiferente ao julgamento dos outros, para aceitar o próprio tédio, deixar-se ir, entregar-se a ele e reconhecê-lo como aquilo que ele é: o fundo nutriente, inerte, mas fervilhante de vida, da existência.

Rousseau, talvez, inicie nisto: "Eu o vi levar, por gosto, uma vida igual, simples e rotineira, sem jamais enjoar-se. A uniformidade dessa vida e a doçura que nela ele encontra provam que sua alma está em paz".[2] Viver a dois é ser capaz de se entediar junto com o outro. Consequentemente, o tédio não é um obstáculo à vida de casal. Não é um argumento negociável como acreditava ingenuamente minha amiga: é a base da vida em comum, sua condição sine qua non. Podemos adorar uma pessoa com quem jamais nos entediamos, mas seria possível conviver com ela? É outra história. Imaginamos que não. Ou então, viver no modo da crise permanente, como os casais que dão o que falar, aqueles que fazem a imprensa fremir e os próximos estremecerem, Gatsby e Zelda, os amantes magníficos. São casais para a plateia, personagens hollywoodianos, para serem vistos de longe. Jamais se entediar é uma aspiração pueril, assim como viver sem dormir, desejo das crianças: nunca parar de brincar, nunca ir para a cama, levar a vida às gargalhadas. As crianças não têm memória, tampouco projetos. Sua temporalidade difere da nossa, elas podem desejar viver como bolhas, na pura atualidade. Nós, ao contrário, temos tempo de sobra, e aprendemos, quando nos tornamos adultos, a nos revigorar no tédio, o que significa mergulhar em nós mesmos, atravessar camadas de passado das quais cada um de nós é feito, unindo atos e palavras, fatos e premonições, ocasiões, desejos e sonhos — em resumo, associando o que vale ser associado. Ir do fundo à superfície e voltar: cada um o faz em seu ritmo, mais ou menos rápido, com maior ou menor frequência. É por esse exercício invisível, por essa natação interior, que se possui a si mesmo, se é que nos possuímos. Não há nada mais a saber sobre si. Ser capaz de evoluir em si mesmo — não como se evolui numa carreira, como se progride num caminho traçado por outros, mas evoluir de modo imprevisível, como um cardume no mar, o que supõe a existência de um mundo interior povoado de lembranças e de fidelidades, mas também de desavenças e desforras a realizar, de desejos, bons ou duvidosos, de desaparecidos. Abrir esse mundo a outros é assumir o risco de morrer na praia.

"Não fique de preguiça. Mexa-se, faça alguma coisa!" É tentador opor o tédio à ação, e os pais fazem isso quando os adolescentes descobrem que se entediam. Mas trata-se de uma imposição sumária, pois as verdadeiras ações, as que não são simples reações a estímulos externos, provêm daquele fundo. Toda ação pessoal nasce do tédio do qual ela se desprende.

Aquilo que os outros me obrigam a fazer não é exatamente uma ação, é um exercício ou uma armadilha. Um exercício se eu ganho (habilidade, força, experiência...), mas uma armadilha se eu perco. Livre do estímulo dos outros, a ação livre vem do fundo da passividade.

Ela é uma representação apenas para o público, como uma iluminação. Inicialmente, ela é o segredo de cada um. É assim que ela começa, apartada. Cada um de nós é a primeira testemunha de sua liberdade. O mundo vem depois, se é que ele vem.

Pascal afirmou que "toda a infelicidade do homem provém de uma só coisa, não saber permanecer em repouso num quarto".[3] A problemática que ele apresentava tende a desaparecer, pois nossos quartos são vazados: pelos telefones e pelos computadores, o fluxo do exterior penetra nele. Pela primeira vez na história não há repouso no quarto, porque o social invadiu a intimidade. A tagarelice mundial transborda nos fóruns. A cobiça se atiça, o interesse se reinicia, indefinidamente. Você quer um livro ou um escarpim? Um debate sobre Kierkegaard, informações sobre o caiaque marítimo, o meio mais rápido de se chegar às ilhas Tonga... Nossas paredes protegem da chuva, do calor e do frio, mas não separam mais do mundo. Podemos dormir com os fones de ouvido, embalados pelo exterior. É muito simples não ficar em repouso num quarto: nele estamos apenas aparentemente sozinhos, numa solidão aproximativa. De agora em diante, estamos ligados: dispomos a cada momento de um excitador adaptado aos nossos gostos — imagens ou músicas, alarmes, news.

O tédio é, portanto, um bem que se torna raro. Dispensá-lo é romper com a ruminação interior, com esse modo ininterrupto, sem forma nem brio, que é o modo de ser do pensamento sem testemunha.

Podemos lamentar a rarefação do tédio. Não é um paradoxo aberrante, desde que se distingam dois tipos de tédio. O primeiro, benéfico, é aquele que permite o contato consigo mesmo. O outro provém do confinamento. É aquele que experimentamos quando não podemos sair de uma situação, quando estamos imobilizados num engarrafamento, quando estamos pressionados pela ideia de que perdemos tempo. Por isso é tão desagradável nos entediarmos no teatro ou na ópera, de onde é constrangedor sair; por isso é mais confortável senti-lo no cinema, onde não ofendemos ninguém se sairmos durante a sessão (para não falarmos na televisão, que é muito boa gente: essa nós largamos e retomamos sem que ela se contrarie).

O tédio no segundo sentido traduz sempre o incômodo da coerção. Alguém me prende em um lugar onde eu não quero estar. Impedem-me de sair do escritório. Impõem-me *O lago dos cisnes*. Ele vai dar a partida, o abestalhado da frente? Se eu desfio o novelo da exasperação, descobrirei sempre a ascendência de alguém sobre mim. Em algum lugar, alguém me atrapalha.

Paradoxalmente, essa ascendência existe também quando se está sozinho, mas é uma opressão negativa. A impressão de estar confinado em si é a pior forma de tédio, pois não oferece saída alguma. Não há meio de sair da sala, da reunião, do engarrafamento, somos prisioneiros em uma garrafa como o gênio da lâmpada, e esse confinamento exaspera. Ele parece dar razão a Pascal.

Não há dúvida de que podemos nos entediar de nós mesmos tanto quanto dos outros. Benjamin Constant o formula com sua audácia depressiva: "Perguntaram-me recentemente por que eu não falava. É porque — respondi — nada me entedia tanto quanto o que me dizem, exceto o que eu respondo".[4] Geralmente, porém, quando nos enfurecemos por sermos nós mesmos, é também porque nos encontramos condenados a nós mesmos, como se o mundo, sorrateiramente, o bloqueasse em si mesmo (e dizer "o mundo" é uma generalização tola: o mundo é um eufemismo para os poucos que contam e para quem você não conta). A solidão, nesses momentos, equivale à rejeição dos outros, não mais ao livre contato consigo. Não nos retiramos do mundo para nos levar por nós mesmos. Fomos postos no mundo de castigo, presos nele, de cabeça baixa. Não há mais possibilidade de recuperar a fluidez subjetiva, caímos sobre nossos próprios pedaços, andamos em círculos; topamos ainda e sempre com os mesmos restos, os mesmos entulhos. Exploramos a prisão interior.

Rousseau é o ás do devaneio solitário. Ele pensa que essa experiência libertadora será possível em todas as circunstâncias: "Com frequência penso que na Bastilha, e até mesmo num cárcere no qual objeto algum fosse dado à minha visão, eu ainda poderia devanear agradavelmente".[5]

Contudo, esse partidário do sonho diurno não é adepto da autarquia psíquica. Ele não privilegia o eu em detrimento do mundo, nem acredita nisso. Porque o mundo é o meio para se ter acesso a si mesmo:

> Nossa mais doce existência é relativa e coletiva, e nosso verdadeiro *eu* não reside inteiramente em nós. Enfim, a constituição do homem nesta vida é tal que jamais se consegue ter gozo de si sem a intervenção de outrem.[6]

Ao alcançar determinado ponto de cansaço ou de abandono, Constant enumera seus pensamentos. Em vez de anotá-los num diário, ele se contenta com um número, ou uma série de números, porque se tornou incapaz de encontrar interesse naquilo que pensa, de dar vida a esses pensamentos, de acreditar naquilo que diz. Ele então desenvolve uma relação estatística em relação à sua vida mental, carente de adesão. Ele deseja casar-se, a ideia está sempre voltando. Ele o faz duas vezes. Seus casamentos são calvários.

A ideia do casal como remédio para o tédio é elementar. Ela aparece logo, desde a adolescência; e reaparece, em seguida, apesar das decepções às quais conduz. O casal, assim compreendido, é um divertimento no sentido de Pascal, talvez o divertimento por excelência. O meio mais simples de não estar em repouso no quarto é estar nele acompanhado. É isso ou sair. Vá se divertir ou se case. "Eu não imaginava que pudesse haver na vida um momento mais doce do que aquele em que me livrei do longo tédio de existir sozinho", diz um personagem de Diderot. Encarar o casal sob esse ângulo é uma falsa boa ideia. Seria preciso convencer as pessoas de que só na morte nos livramos desse tédio.

Na vida a dois, o outro rapidamente deixa de ser surpresa. Reciprocamente, logo perdemos para ele o brilho da novidade. Não se pode ficar ofendido com isso. Lembro-me da primeira vez que ele ligou o rádio no café da manhã. Esse gesto completamente natural de estender a mão para o aparelho me apertou o coração. Há quanto tempo nos conhecíamos? Um mês ou dois. Era como se de repente ele me mostrasse seu desinteresse, como se qualquer notícia valesse mais do que poderíamos nos dizer. Entre nossas palavras e o blá-blá-blá para todos, ele escolhia. Esse aperto no coração passou, não havia razão de ser. Compreendi (mas como? Se soubéssemos, poderíamos fazer um casal durar) que ele não preferia a mim a lixeira eternamente transbordante da atualidade: estávamos sempre juntos, mas de modo diferente, banhados pelas palavras do rádio, comunicando-nos por cima delas, por caras e toques, sorrisos e murmúrios.

Finalmente encontro a resposta que não soube dar. Você afirma que se entediava com ela, mas será que se entedia menos sozinha? O casal não é um remédio para o tédio, apenas em um roteiro pueril — eu vou me divertir a vida toda, estarei sempre fora, não apenas fora de casa, mas fora de mim. O que pode oferecer semelhante evasão não é a vida a dois, é a embriaguez (o orgasmo, as gargalhadas, as drogas, o espirro). Um ser humano não pode viver em completa extroversão, inteiramente exposto como uma coisa do mundo. Ele não pode ficar por muito tempo levando a vida na gandaia, como se dizia antigamente. A alma, como um molusco, quer um interior dentro do qual involuir.

O casal não é remédio para o tédio porque não se deve procurar remédio para ele.

Sobre a previsibilidade

Alguns casais rejeitam o tédio por exibição. Eles não querem perder o amor, cair na rotina, com suas cáries, fraturas, a areia do gato e as despesas com a escola. Eles querem ficar na fase da paixão e, para isso, se consomem. A atividade deles consiste em destruir um ao outro, porque pensam na falta de um amor terno e tranquilo, mas, de fato, para que ele não exista. Para os assinantes do drama, a felicidade conjugal é uma miragem, inacessível. Se pelo menos ele deixasse a mulher, se ela parasse com as crises. Geralmente, a aspiração à vida a dois é o motor do conflito passional. A tranquilidade aparece como um bem de que o outro dispõe e do qual ele me priva. É preciso fazê-lo pagar por esse suplício de Tântalo. É assim que a paz cobiçada se torna o motor da guerra. É uma margem próxima, da qual uma corrente invisível nos separa. Íamos alcançá-la, atingíamos o porto. E sempre a tempestade cai, esse drama habitual que pega de surpresa.

Em compensação, para aqueles que aceitam a vida corrente, a previsibilidade é o fator do tédio. Rapidamente conheço tudo dela ou dele: suas entonações, suas histórias, suas associações de ideias. Censurá-lo seria uma tortura injusta. O outro não pode fazer nada a respeito. Ele não pode mais me distrair, do mesmo modo que eu não posso distrair a mim mesma, já que não proporciono mais surpresas. Tosltói traçou melhor que ninguém esse esgotamento do primeiro encanto:

> Eu tinha a certeza de saber tudo o que ele iria fazer, dizer, que aparência ele teria, e se seus atos, suas atitudes não fossem conforme eu esperava, eu tinha a impressão de que era ele que se enganava.[1]

A legibilidade do outro pode ser uma felicidade, mas é em primeiro lugar um empecilho. Quando o outro se torna habitual, podemos contar com ele. Esse ruído de fundo é um apoio onde podemos nos firmar. Alcibíades perguntava a Sócrates como ele suportava as cenas de sua mulher: "A gente se acostuma, como os que vivem próximo a um moinho se habituam ao seu ruído ao amanhecer".[2]

O outro é uma coisa do mundo, uma realidade como outra qualquer. É uma cerca onde podemos nos apoiar e, como todas as cercas, provocam a vontade de pular. Então, suas falhas são golpes. La Rochefoucauld mostra isso numa máxima póstuma de um cinismo tão tranquilo que não é de seu século: "Às vezes, agrada a um marido ter uma mulher ciumenta: ele sempre ouve falar daquilo de que gosta".[3]

Não há nada mais a saber, nada mais a esperar a não ser o eterno retorno dos dias. O outro é como é, ele não mudará. Com ele sabe-se o que esperar, como se sabe o que ele espera. Então, é melhor aproveitar. A previsibilidade, por onde o tédio dá a volta, é também o que permite trair. Nada mais simples do que se conformar com uma espera, do que coincidir com a rotina conjugal para melhor escapar dela em atos e pensamentos. É o que revela Agathe quando para de mentir para seu marido presidente:

> Eles creem que nós os traímos apenas com amantes. Com os amantes também, é claro... Nós enganamos vocês com tudo. Quando minha mão desliza, ao despertar, e automaticamente apalpa a madeira do leito é meu primeiro adultério. Vamos empregá-la pelo menos uma vez sua palavra, adultério. Como eu acariciei aquela madeira, de costas para você, durante minhas insônias! É oliveira. Que textura suave! Que palavra encantadora! Quando ouço a palavra oliveira na rua, assusto-me. Ouço o nome de meu amante! E meu segundo adultério é quando meus olhos se abrem e veem o dia através da persiana. E meu terceiro é quando meu pé toca a água do banho, é quando afundo nele. Eu engano você com meu dedo, com meus olhos, com a planta dos meus pés. Quando olho você, eu o engano. Mate as oliveiras, mate os pombos, as crianças de cinco anos, meninas e meninos, e a água, e a terra, e o fogo! Mate este mendigo. Você é enganado por eles.[4]

A crueldade do adultério consiste em atacar a cotidianidade — é claro que ele também ultraja a possessibilidade, e podemos rir dela: há motivos. De Molière a Giraudoux, atacar o marido ciumento é um esporte nacional na França. Montesquieu o registrou nas *Cartas persas*. O ciumento é o *mauvais objet* dos franceses:

> Há, entre eles, homens que ninguém consola: são os maridos ciumentos. Há os que todos odeiam: são os maridos ciumentos. Há os que todos desprezam: são ainda os maridos ciumentos.[5]

Há quatro séculos eles são objeto de caçoada: cornudo e surrado, muito bem. A lista de argumentos é curta: os seres humanos não são coisas, é preciso ser totalmente cretino para imaginar que podemos possuí-los. É a objeção do taitiano ao capelão:

> Você não percebe que no seu país confundiram a coisa que não tem nem sensibilidade, nem pensamento, nem desejo, nem vontade; que se larga, que se toma, que se guarda, que se troca, sem que ela sofra e sem que ela se queixe, com a coisa que não se troca, não se adquire absolutamente; que tem liberdade, vontade, desejo; que pode dar-se e recusar-se por um tempo; dar-se e recusar-se para sempre; que se queixa e sofre [...].[6]

As mulheres não são objetos. A mulher que engana esvazia a ilusão da posse, derruba a majestade fálica e traz para seu lado os caçoadores. Perfeito.

Não é só isso que ela faz. Não se engana um homem sem enganar também a confiança humana, e é esse elemento da vida a dois que se corrompe. O que Agathe revela é que cada instante é minado pelo desamor. A mulher adúltera desfaz hipocritamente a realidade. Ela se aproveita da previsibilidade conjugal para manter intacta uma aparência da qual ela escapa, pelo menos em pensamento. Mas então, quando você sorria, naquela noite, era nele que você pensava? Quando a descoberta sobrevém, é um desabamento com alcance retroativo, não é apenas o presente que desaba, é todo o passado que se altera. Na experiência corrente, o passado é o intangível, no qual não temos absolutamente como interferir. A reforma diz respeito apenas ao presente e ao futuro; o passado é o que não se reforma. O adultério abala a realidade porque ele desfaz o passado comum: ele não aconteceu, apenas deu a impressão de ter acontecido. Enganar um homem com outro é, sem dúvida, muito malicioso, misterioso e prazeroso: do contrário, por que fazê-lo? O adultério, como as drogas, inclui o prazer em sua definição. Desdobrar a realidade introduz o imprevisível e o arrepio do risco: não há mais tédio. Como se entediar quando se dança sobre um vulcão? A qualquer momento a terra pode começar a tremer.

Não se diz, porém, que se possa voltar desse risco, pois seria voltar para a vida sem risco. Não se trata de dizer que eu acredite que um casal esteja perdido ao primeiro passo em falso de um ou de outro, a menos, é claro, que um ou outro tenha o gosto pela pureza – uma tendência incômoda, mas à qual não falta classe. Raciocina-se, então, como a Berenice de Aragon. A heroína de *Aurélien* caracteriza-se pelo gosto do absoluto. Ela não suporta um vaso rachado. Do mesmo modo, ela julga irrecuperável um amor degradado. Com ela não existe segunda chance; tudo para ao menor contratempo. Esse caráter sempre me pareceu absurdo. Elegante, mas absurdo. Não somos porcelanas. A vida quer indulgência, ela permite isso. Não é verdade que o que se deturpou não tem conserto, e que nunca se volta ao que se deixou de amar. O que se desdobrou se cola com o tempo, e a duplicidade volta à sua simplicidade inicial. As regenerações são possíveis. Contudo, existe o risco de que as mesmas causas produzam os mesmos efeitos. O risco, no caso, é simplesmente a disposição para correr risco. O que fez a vida previsível escapar é também o que impede de voltar a ela por muito tempo. Conheço isso como meu próprio bolso: quem se interessaria sinceramente pelo seu bolso?

Doçura das coisas

A proximidade: o que não falta nem cansa, logo, não se estraga na continuidade.
FRANÇOIS JULLIEN

Conhecer alguém a fundo é uma ilusão. Diferentemente de um bolso, os seres humanos não têm fundo. No fundo do outro, como no fundo de si mesmo, encontra-se um lodo opaco no qual se põe o que se quer: o inconsciente, para os freudianos, Deus para os cristãos, o Deus que é mais íntimo que o mais íntimo de si mesmo. Embora aí residamos, a bondade divina ou os traumatismos escondidos – até mesmo uma mistura dos dois, para os psicanalistas cristãos –, aí não vemos com clareza. Emergimos de um fundo que escapa ao conhecimento; e, se não vemos no fundo de nós mesmos, é pouco concebível que outro o consiga. Se isso acontecesse, o custo seria exorbitante. Admitir que outro vê em mim melhor do que eu mesmo é renunciar à minha liberdade.

Uma relativa previsibilidade dá a impressão de que conhecemos alguém. Pensamos que antecipar uma reação é conhecer, pelo menos suficientemente para a utilidade prática. Mas decidir que sabemos *bastante* sobre alguém não é conhecê-lo a fundo: é apenas estabelecer o uso que fazemos dele.

A previsibilidade permite uma parada mental. O outro não é um fim em si, apenas um dado: antecipo suas reações, sei quando enfrentá-las e como contorná-las. Nos casais, existe um "pra mim basta"; não é o mais bonito neles. Não é tudo o que existe. O hábito produz algo além da redução; ele engendra a familiaridade que precede a família, ultrapassa-a e sobrevive a ela.

A familiaridade não é exclusiva dos seres humanos. Os animais e os objetos podem ser familiares ou não. Certo dia, eu me mudei para um bairro elegante. As avenidas eram largas, com árvores esguias. Tudo era mais alto: o andar em que eu morava, os edifícios em torno e o preço do metro quadrado. Mais espaço, mais luz, o que havia para reclamar? Nada que se possa exprimir. Durante dois anos, eu me senti mal. Reconhecia, sem dúvida, as vantagens, o grande jardim ali perto, o Sena não muito longe. Aceitava aquele cenário urbano, mas para outros. Eu o apreciava objetivamente, como se avalia um hotel. Estava pronta a lhe dar quatro estrelas, mas não me sentia em casa.

Perec apresenta com justeza essa impressão em *As coisas*. Um jovem casal se sente apertado em seu pequeno apartamento parisiense de dois cômodos e teto baixo: 31 metros quadrados no 5º arrondissement. A mulher consegue então um trabalho na Tunísia, e eles partem entusiasmados e se sentem estranhamente perdidos num grande apartamento de Sfax. Nunca vão conseguir, apesar de seus esforços, morar nos cômodos sonoros e sem móveis. Naquele apartamento de teto alto e piso de lajotas, eles sentem falta da antiga residência.

É evidente que em *As coisas* o caráter inamistoso do apartamento está ligado ao exílio: eles perderam na troca ao sair de Paris; deixaram os amigos, os passeios, os cinemas. O vasto espaço é sinônimo de desclassificação. Depois da minha mudança, eu não tinha nada do que reclamar. Permaneci parisiense, contudo sofria com a hostilidade das coisas. Naquele novo bairro, as formas e as cores não tinham nada de desenraizado: ainda eram o cinza e o louro da pedra que constituem a base da harmonia de Paris. As formas e as cores não me ofendiam. Elas não me queriam bem algum, o que é outra coisa. A falta de intimidade difere da feiura e do incômodo. É apenas uma má vontade generalizada. A porta do edifício era pesada, o elevador, lento, rangia. Nada estava ao alcance da mão, nada me acolhia após o dia de trabalho, nenhum consolo em parte alguma. Em todas as coisas faltava a pátina do tempo. Ela é quase imperceptível. Nós a percebemos por um breve instante quando voltamos de uma longa viagem, quando a chave gira na fechadura e a porta se entreabre. Então, numa fração de segundo, vemos a sabedoria das coisas que nos aguardam. Captamos a essência da familiaridade, que desaparece.

Quando cheguei, não compreendi que era possível morar naquele não bairro. Tenho dificuldade de me lembrar disso, agora que estou à vontade ali: todas as manhãs, a avenida se abre, agradável ou chuvosa, e a beleza das árvores me cumprimenta.

Podemos julgar inconveniente estender ao rosto essa familiaridade que vale para as proximidades – o cão da vizinha ou o ruído do elevador, o balanço das árvores, o sotaque romeno da porteira. Como ousar aplicar ao ser querido uma lei que vale para os humildes detalhes? Não há nisso um golpe contra a majestade do amor, um insulto à sua eminência? Qual a relação entre a aflição pelo desenraizamento de um lugar com o amor? Essa aflição diz respeito aos exilados (e poucos jovens compreendem como o exílio é um castigo). Ela diz respeito às pessoas idosas que são postas numa casa de repouso. Alguns morrem disso. "É necessário de seis meses a um ano para os pensionistas ficarem à vontade", disse-me a diretora de uma casa. "Se eles se lamentam no primeiro ano, isso não quer dizer nada." Não quer dizer nada? Mesmo? Veremos quando estivermos lá, quando for nossa vez de apalpar a parede para encontrar o interruptor que não está mais lá.

Um problema triste, talvez, mas que concerne à velhice, e não tem nada a ver com a formação de um casal, essa é a impressão juvenil. O romantismo nos ensinou tão bem a reverência ao amor, compreendido como a mais alta experiência humana, que nós o retiramos da normalidade dos dias. Contudo, é aí que ele desabrochará se não se dissipar no caminho. Porque uma coisa é certa: o céu que ele promete não existe.

Ao recusar entediar-se como uma criança caprichosa, minha amiga ignorava a doçura em suspensão. Ela vem enaltecer os seres e as coisas somente se nos mantivermos em repouso. Se recusarmos que o outro entre na zona na qual se ligam doçura e previsibilidade, uma coisa é certa, não haverá casal. Minha amiga não dava oportunidade para a familiaridade, que precisa de tempo para nascer — esse fator imponderável, capaz de mover as massas mais pesadas. De meandro em meandro, o tempo pode mudar o curso do amor. Não se pode ter pressa.

A impressão de suave familiaridade escapa do tudo ou nada, à balança do desejo e do cansaço — o que embriaga e o que desembriaga, a euforia dos primeiros tempos seguida da decepção do cotidiano. Existe algo mais, nós sabemos. "Os dias nasciam claros e serenos para eles", grita Fedra em seu desespero. Nesse verso tão puro, a paz dos amantes é uma alucinação. A mulher ciumenta fantasia o que lhe falta. Seu sofrimento confere ao casal uma nitidez e um brilho que ele não pode ter ao mesmo tempo. Porque a dor fixa e destaca. Fedra não descreve a paz dos amantes — sempre precária — nem a tranquilidade conjugal, essa paz embotada que nunca tem semelhante claridade. Ela fala da paz vista do inferno, a serenidade alucinada pelo caos. Nesse caso, a acuidade vem da exclusão. Contudo, a paz não é apenas um fantasma, ela também existe como realidade.

Da paixão à afeição, existe uma diferença entre o olhar que lançamos sobre uma paisagem que descobrimos e o que lançamos sobre o lugar no qual vivemos. Nada é tão agradável quanto a excitação de ver pela primeira vez; o olho quer abarcar tudo, ele voa, ele quer ver tudo. Na própria casa, ao contrário, não temos mais o trabalho de erguer os olhos; vemos sem ver, isso basta. Mas esse olhar indiferente, tranquilo e quase apagado, detecta imediatamente o fato novo: este galho foi cortado, a cerca está inclinada, uma pedra que brilha na estrada não deveria estar ali (é um sapo, ele foge num salto). O olhar do turista é ofuscado, o olhar do residente, aparentemente adormecido, é na verdade vigilante, porque apenas ele pode captar a variação ínfima: é na segurança do conhecido que se tem a possibilidade de apreender o fato novo. Na contramão da perspectiva romântica, é preciso admitir essa verdade comprovada: a droga embrutece. Por mais agradável que seja, ela não ensina nada enquanto o costume permite que os olhos se abram. Nem sempre, é claro, e não a todos, mas, às vezes, a alguns. Foi de tanto olhar para o céu noturno que os homens identificaram as constelações e começaram a notar seu retorno.

O turista conserva um clichê mental: as cataratas do Niágara são assim, eu sei, eu as vi. Em compensação, a paisagem na qual vivemos é irrepresentável. Ela surgiu sob mil luzes, esmagada pelo calor ou afogada no chuvisco. Foi descoberta ao amanhecer, na névoa, quase incompreensível. Foi vista ao luar, dobrada sob o temporal, encantada sob a neve. Não é uma imagem que seu nome chama, pois as imagens se chocam e as ideias se contradizem. Entre o alaranjado de um sol poente e a palidez de um dia de inverno, qual a síntese? Uma mesma região não pode ser ao mesmo tempo quente e fria, clara e escura, opaca e brilhante. O que o nome evoca é outra coisa: é a sedimentação das horas e dos dias, não uma imagem, portanto, mas uma ligação que se compôs pouco a pouco e que me liga a essa região da qual eu não disponho, nem mesmo em pensamento.

No artesanato birmanês, existe uma tigela que é feita com crina de cavalo. Essa crina da cauda — só é necessária uma — é inicialmente enrolada sobre si mesma e, em seguida, coberta de laca; não apenas uma camada, ou duas, ou três, mas dezenas e dezenas, tanto quanto exige a perfeição do laqueado. Sua forma nunca é exatamente redonda como a de um objeto industrializado, e suas bordas permanecem curiosamente flexíveis. Quando as apertamos, acreditamos ter em mãos a paciência asiática: tocamo--la com o dedo. As camadas sucessivas são como os olhares que se pousam e tornam a se pousar continuamente num mesmo rosto ou num mesmo território. Elas têm o poder de fazer uma coisa a partir de nada, ou quase. Certamente, ninguém é obrigado a acreditar nessas metamorfoses. Cada um é livre para acumular amores, mesmo que tema não fazer nada com eles, e, no final das contas, conservar apenas emaranhados de crina.

Cena breve: um executivo acorda no meio da noite junto de sua bela nova esposa, que o olha enviesado: o que deu nele para acordar no meio da noite? Três anos antes, ele se divorciara da mulher. A velha esposa tinha como mérito apenas trinta anos de vida em comum, ela não podia lutar. A nova era elegante, culta, uma geração a menos. No meio da noite, o homem não se sente um perdedor, uma vez que ganhou na troca; ele se sente perdido:

> Quem era aquela mulher? Como diabos tinha chegado ali? Essas perguntas o assustaram. Em seguida, ele percebeu que as fazia havia trinta meses, embora estivesse casado havia apenas 36.[1]

Aparentemente, a jovem mulher tem tudo a seu favor: diploma da melhor universidade, juventude, beleza. Ela despertou seu desejo, exasperou sua paixão. Agora, ele acorda numa casa nova, junto de uma nova mulher. Está com fome e não sabe onde estão guardadas as frigideiras, a manteiga e o café. Perdeu o chão familiar:

> Um homem passa por tudo isso, a separação, o divórcio, toda essa agonia, esse combate, essas despesas infernais, essa... essa... essa... *culpa*... e, um dia, uma noite, ele acorda e se pergunta: "Quem diabos é esta garota na cama ao meu lado? Por que ela está aqui? De onde ela vem? O que ela quer? Por que ela não vai embora?".[2]

O teste da familiaridade vale tanto para o amor como para tudo. Contrariamente ao que pensam os revolucionários e os guardas de prisão, a diretora do asilo, a jovem esposa de corpo perfeito, não é verdade que a gente se acostuma com tudo.

Sobre a intimidade

Num livro original e brilhante, François Jullien arriscou-se a definir o íntimo "longe do amor ruidoso".[1] Inicialmente, ele observa o duplo sentido da palavra que, ao mesmo tempo, fala do aprofundamento interior e da abertura para o outro, defendida pelo *politicamente correto*, e que é apenas um slogan, não a abertura em geral que permitiria acabar com as discriminações, mas a abertura singular a cada vez, a tal outro em particular, quando ele e eu nos tornamos íntimos. Em latim, *intimus* é o superlativo de *intus*, que quer dizer interior. Mas, já que ser íntimo pressupõe a presença de outro — somos íntimos de alguém ou, como Jullien prefere dizer, *perto de* alguém —, a noção aponta para duas direções: designa ao mesmo tempo o mais profundo de si e a interseção movente com outro privilegiado.

O íntimo é a experiência da interioridade ou sua partilha: porque põe em cena o psiquismo, ele se distingue nitidamente da familiaridade que podemos ter com as coisas. À primeira vista, a familiaridade se prende às aparências; o íntimo se abre para a profundidade. O hábito produz a doçura das coisas; não pode dar origem à abertura de coração. Finalmente, a intimidade não é sinônimo de lentidão, ela tem seus repentes.

François Jullien toma especialmente como exemplo a relação de Rousseau com madame de Warens. O exemplo é judicioso, pois Rousseau foi o primeiro a dissociar, falando de sua benfeitora, a intimidade, que não poderia ser maior, e o amor, que não existia ali. Durante anos, entre 1728 e 1742, ele entregou a ela a direção de sua existência – e também, e cada vez mais, a manutenção material de sua vida. Rousseau não se cansa de descrever o bem-estar que sentia perto dela. Em sua presença ele é tão livre quanto seria se entregue a si mesmo. Milagre da intimidade, esse grande ansioso relaxa e esse taciturno conversa. Essa tagarelice exclusiva dos dois não tem, evidentemente, nada a ver com a conversa que é obrigatória nos círculos mundanos. A conversa exige virtuosidade, a tagarelice escorre. É idealmente fluida: "Ela é a única pessoa com quem eu nunca senti a secura da conversa que me provoca o suplício do dever de mantê-la".[2]

Com madame de Warens, não há a obrigação de falar: o jovem protegido é livre para se calar. Estar juntos exclui a complicação. A intimidade é a relação única que consegue associar a elegância e o desembaraço, os cuidados e a liberdade. A confiança do rapaz se fundamenta na certeza de que madame de Warens faz com que a preocupação com o bem-estar dele preceda seu próprio prazer. Trinta anos depois, quando escreve *As confissões*, ele não mudou a esse respeito; continua intimamente convencido disso, mesmo que ela tenha tido outro amante, mais ligado às alegrias da carne, e mesmo que ele tivesse de decidir deixá-la. Rousseau insiste no enigma de uma relação perfeitamente amorosa e, contudo, sem desejo, que não corresponde nem ao amor nem à amizade, e que ele desiste de definir: "Quem puder defina de que espécie era meu apego a ela".[3]

Ele fica encantado ao evocar esse sentimento indefinível:

Ousaria dizer que quem sente apenas amor não sente o que há de mais doce na vida. Conheço outro sentimento, menos impetuoso, talvez, mas mil vezes mais delicioso, que, às vezes, se junta ao amor, e que geralmente está separado dele.[4]

Frequentemente ele fala de sua preferência pela união dos corações superiores às fulgurações do desejo. Numa nota de seu grande romance, põe a efusão que se segue ao amor acima do ato em si: "Ó amor, se lamento a idade na qual te experimentamos, não é pela hora do gozo, é pela hora que o segue".[5]

Num filme alemão de Peter Handke, um casal que acaba de fazer amor pela primeira vez conversa na cama. Ela: "Tenho algo a lhe dizer". Ele: "Não, não quero saber. O interessante é o que dizemos antes".

A ideia é surpreendente. É verdade que depois do amor as palavras fluem. Não há mais competição, tudo é admitido e perdoado. Em compensação, antes, é difícil se expressar. É preciso muita coragem para dizer: "Meu pai era um condenado". "Dormi com seu melhor amigo." "Você me agradou desde o primeiro instante." "Não tenho diploma de ensino médio." A confissão, qualquer confissão, arrisca pôr fim à união que se espera, e anular o prazer que se busca. Se ele me vê tal como sou, pode acontecer de se afastar. Por isso o homem do filme tem razão em considerar que a palavra importa antes, e não depois. Podemos, contudo, pensar ao contrário: que existe algo de apreciável nessas palavras sem censura justamente porque elas não importam, porque estão para além do medo de desagradar: elas se desprenderam do prazer e do drama. Essas confissões já não são confissões, mas é justamente sua futilidade que constitui seu valor. É por aí que podemos alcançar a idiossincrasia e estabelecer um comércio com ela, na suspensão das convenções e na imponderabilidade do leito. Preferir o íntimo ao amor, como sugere Rousseau, é preferir o natural ao extremismo e o relaxamento à tensão.

François Jullien avalia a vantagem de uma relação que escapa ao duplo obstáculo da frustração e do cansaço: "Se não há satisfação, há frustração; mas a satisfação entedia. Ora, pensando bem, somente o íntimo levaria a escapar das alternativas de desejo e desgosto".[6]

Infelizmente, na tentativa de fundamentar uma moral no íntimo, Jullien deforma de dois modos a noção que apresenta. O primeiro modo consiste em alargar quase que indefinidamente seu campo de ação, supondo que podemos nos tornar íntimos de qualquer um, ou quase:

> Daí a questão se torna mais radical ainda: seria então com qualquer um que eu poderia investir nesse íntimo? Talvez... Talvez, a tal ponto o íntimo é diferente do amor, não é questão de preferência e de sedução, não tem em vista nossa própria satisfação...[7]

Nada na prática confirma essa abrangência tão esperada, mesmo que seja verdade que podemos ser íntimos de vários. De fato, contrariamente ao amor, a afeição confiante aceita a partilha. Posso ter vários íntimos. E por causa disso seria sensato acreditar que uma relação, porque não é exclusiva, seja indeterminada? Contudo, Jullien insiste nisso: "Porque esse íntimo engajado com o Outro é indício de uma vocação moral que eu também posso manifestar com quem quer que seja, abrindo um dentro com ele".[8]

Ser íntimo de qualquer um é mais um desejo piedoso do que um fato comprovado. A pluralidade sempre possível não desemboca na indiscriminação, e isso é bom. Tomemos o exemplo da amizade: raramente ela tem o caráter absoluto do amor, o que não a impede de ser seletiva, e essa escolha a valoriza. Ser amigo de Facebook é melhor do que nada, mas pouco. Não se é amigo de todos sem que a palavra se desvalorize; tem-se a prova disso todos os dias pelos homens políticos. Os sentimentos universalizáveis não são intimidade e amizade, mas piedade e respeito: a primeira se dirige à pessoa sensível; o segundo, ao ser sensato. O homem que sofre é digno de piedade. O ser sensato, enquanto tal, desde que faça uso de sua razão, é digno de respeito. Este último sentimento é claramente um sentimento à distância. Enquanto a piedade aproxima, o respeito reprime. Mas nem o homem que sofre nem o homem que pensa estão qualificados para entrar na minha intimidade. Esses vistos universais não são válidos em meu mundo singular, e isso é normal: eles não se relacionam comigo. *Eles não me dizem respeito.*

A segunda distorção concerne ao sentimento de segurança. François Jullien se compraz em apresentar o íntimo como uma aventura. Ele afirma sem prova que o íntimo "é o contrário do intimista": contudo é muito improvável que a derivação se perca, e que a língua se engane. De modo geral, é melhor ter os étimos consigo do que contra si. Acontece que a partilha do espaço interior é assimilada a um empreendimento de risco. Atar uma relação íntima surge como um transbordamento, uma projeção contrária à prudência. A vida que não é dedicada ao íntimo "descolou-se [...] não apenas do comum e do convencionado, mas também do prudente e do possessivo".[9]

Trata-se mais de desfazer o "sistema de segurança" do ego e de desvendar "sua segurança". Em resumo, o íntimo é um compromisso com o desconhecido que se enfeita com todos os prestígios da ruptura: "Longe de ser esse *aconchego* do 'estar junto', ele o faz naufragar no inaudito".[10]

Não há mais nada que impeça de cair no exagero. O íntimo se torna um perigoso desafio:

> Pois ele é enfrentamento contínuo do limite; até onde posso ir, ao mesmo tempo em relação a você, para romper a fechadura interior de meu "eu", desvendando a fronteira comum, e criar para mim um dentro partilhado?[11]

Diria que se trata de seguir um messias, abandonando as posses e as determinações anteriores. Essa apresentação que deseja ser contraintuitiva cai no absurdo. Evocando madame de Warens, François Jullien deixou de observar este fato que sublinho: Rousseau estabelece uma relação de intimidade com uma mulher que garante sua estabilidade material. Não é um detalhe. Na verdade, para que a abertura se produza, a segurança material deve deixar de ser uma preocupação. É preciso que a desconfiança tenha sido afastada do jogo, é a primeira condição: a intimidade advém quando o sujeito mais a teme perder. É preciso, pois, que ele se sinta, pelo menos provisoriamente, fora de perigo, ou então, ao contrário, como Julien Sorel, sem condição de ser salvo. Um condenado à morte pode se deixar levar pela intimidade, do mesmo modo que um órfão adotado. O essencial é ser liberado da ansiedade da sobrevivência. Isso é verdade no plano material e também no plano psicológico. Jullien insiste, com razão, no que essa experiência tem de verdadeiramente moderno: a intimidade é ignorada na Antiguidade e quase ausente do mundo clássico. Em compensação, ela floresce a partir do romantismo. Isso faz pensar no aspecto que Jullien esquece: que ela não deixa de ter relação com a segurança nova de nossas condições de vida. A intimidade não é um luxo, se definirmos o luxo como um fenômeno espetaculoso, que exige a admiração do público. Mas a intimidade é um luxo, como a ciência ou as artes, quando pressupõe a satisfação das necessidades. A confidência pessoal foi precocemente a prática de algumas mulheres na sociedade aristocrática. Ela apareceu a princípio nas correspondências e nas memórias particulares, sobretudo nos textos de mulheres. Jullien não nota essa origem porque quer salvar o íntimo de suas conotações habituais. "Ele não é piegas, meloso, plácido, mas o mais exigente."[12]

Enobrecer o íntimo é virilizá-lo. A misoginia se revela na escolha dos adjetivos, e igualmente na negação da origem. O íntimo foi inicialmente feminino. O confinamento presidiu sua aparição: talvez não seja seu destino, mas é seu ponto de partida. Reconhecer a gênese feminina de um fenômeno não é dizer que ele se liga essencialmente à feminilidade, mas é admitir uma evidência: nas sociedades em que a violência e a miséria eram correntes, a intimidade foi inicialmente experimentada por seres menos expostos: as moças e as mulheres da aristocracia. Evidentemente, ela combina melhor com as mulheres que com os guerreiros.

A intimidade pode nascer sob as bombas, destaca Jullien, comentando *Le Train* [O trem], romance de Simenon no qual dois seres se encontram e se aproximam durante o Êxodo. Não é que a intimidade não ligue para a proteção, ao contrário: é que o outro, no auge do perigo, é percebido como protetor. Ele é então a última proteção e a única doçura. Essas intimidades casuais são a exceção que confirma a regra. Geralmente o laço se cria no conforto e na facilidade mais do que na precariedade. A tranquilidade da segurança, muito mais que o gosto pelo risco, interrompe os reflexos de clausura que são, antes de tudo, meios de sobrevivência. Se o sentimento de intimidade está na antípoda do conformismo, o que Jullien tem razão em afirmar, nem por isso está na antípoda da segurança. O hábito, essa palavra que tanto desagrada a Jullien, lhe é propício. A intimidade cresce protegida pelos hábitos, se aproveita deles como um peixe nas fendas da rocha. É preciso que se esteja seguro para se entregar. Não é sensato buscar ao mesmo tempo as comoções da aventura e as doçuras da paz. Existe uma felicidade imóvel, aquela sugerida pelos interiores holandeses do século XVII. Essa felicidade à Vermeer supõe a abundância e a vida regrada. Pode-se rejeitá-la em nome das sensações fortes, não há dúvida, existem alegrias mais explosivas. Mas dois proveitos não cabem num saco.

A confiança precisa ser mútua, só abrimos nosso coração àquele que abre o seu ou que, pelo menos, parece disposto a fazê-lo. Rousseau o demonstra, explicando por que jamais assim o fez à madame de Vercellis, uma grande dama que o empregava e que se interessava por ele o bastante para se informar sobre seus sentimentos:

> Ela não se interessava muito em conhecê-los, nunca me mostrando os seus. Meu coração gostava de se abrir, desde que percebesse que era em outro. Interrogações secas e frias, sem sinal algum de aprovação, de censura sobre minhas respostas, não me suscitavam nenhuma confiança. Quando nada me dizia se minha conversa agradava ou desagradava, eu me sentia sempre temeroso, e me esforçava menos em mostrar o que pensava do que em não dizer o que pudesse me prejudicar.[13]

Mesmo que a noção perca em elegância, não é bloqueando a retaguarda que se entra na intimidade de outro. Sujeita-se o outro unicamente sujeitando-se a ele, o que leva tempo e supõe calma. A confiança exige reciprocidade, a troca de confianças requer e produz a paz.

François Jullien gostaria de basear na espontaneidade do íntimo uma moral para o nosso tempo, que fosse antes de tudo uma moral sem esforço – porque não apenas o sacrifício, mas a simples contrariedade repugna os modernos. Essa moral não teria conflito: entre pessoas íntimas, há coisas que simplesmente não se pode mais fazer, afirma Jullien (como se não existissem escroques da intimidade). Seria necessário também que essa nova moral estivesse ao alcance de todos, donde a sugestão insistente de que podemos nos tornar íntimos do primeiro que aparece. É uma sugestão absurda, certamente, mas cuja comodidade se constata: essa disponibilidade permitiria harmonizar a nova moral e nossa condição democrática. Não haveria, de um lado, os providos do íntimo, e, do outro, a turba dos excluídos. Cada um poderia reivindicar o recurso ilimitado da abertura interior. Finalmente, Jullien não teme apresentar o íntimo como uma aventura para os tempos modernos, uma espécie de nova fronteira, quando se trata de um sentimento terno, tímido, de modo algum aventureiro. O paradoxo é levado tão longe que o fenômeno se torna irreconhecível: "Sendo ao mesmo tempo absoluto e monopolizador, o íntimo, em princípio, é violento".[14]

Violento, o íntimo? De que se trata, exatamente? O íntimo, por natureza, foge da multidão e do barulho. Ele odeia a indelicadeza e rejeita se mostrar. Ele é o inverso do fanatismo que adora o drama e as manifestações das multidões, a veemência e a depuração, a injunção do tudo ou nada. O adepto fanático começa deslastrando-se de seus bens: ele liberta o gado, renega os próximos e queima o jardim para seguir seu Senhor. Meu amigo íntimo me chama no final do dia, terminada sua tarefa. Não é absolutamente a mesma mentalidade.

Ao alcance de todos, audacioso e sem esforço: poderíamos pensar que existem aí favorecimentos sem gravidade, levemente demagógicos, sem dúvida, mas destinados a apresentar o íntimo sob melhor perspectiva, mostrando que ele é um sentimento para o nosso tempo, respondendo às necessidades do mundo no qual vivemos, em resumo: uma esmola para o presente – nada de mau nisso, o gesto de uma mãe despenteando os cabelos do filho que ela apresenta, inocente orgulho. Na verdade, os embelezamentos são prejudiciais. No espaço da vida interior, embelezar não é exaltar o que descobrimos, é redescobrir. Não é mostrá-lo, é perdê-lo. Porque o mundo interior é inverificável, nele, mais do que em outra parte, é essencial não exagerar. A intimidade não é uma panaceia, ou o fundamento de uma moral para os tempos futuros. É a ausência de complicação em presença de outrem, apenas isso. Meu amigo íntimo pode me encontrar a qualquer hora: acesso ilimitado, como dizem os provedores de internet. Ele pode vir sem ser convidado. Ele pode me ver sem maquiagem, me encontrar angustiada, eu não tenho medo de que ele se aproveite de mim. Não preciso ter me arrumado para enfrentar seu olhar.

É uma tentação do escritor enaltecer as riquezas invisíveis da vida interior, que ele pretende possuir, como os românticos, ou compartilhar, como François Jullien. Em lugar do pobre albatroz de Baudelaire, sadicamente tratado pelos marinheiros, ergue-se agora o casal íntimo, isolado na multidão, planando nos céus. O objetivo que o estimula é o conhecimento sempre mais aprofundado de um pelo outro, pretende Jullien, porque o íntimo abre o infinito do dentro. Esse casal moderno está muito acima dos amantes comuns que se acotovelam sem se conhecer e não sabem o que é ser dois. Do solipsismo romântico à partilha do íntimo, passamos do modo patético ao modo eufórico, mas isso não muda muita coisa. Valorizar a interioridade é a tentação do escritor. O que lhe responde simetricamente não é o crédito, mas o distanciamento do leitor, pronto a pensar que a profundidade é uma pretensão, e o inefável, uma conversa fiada.

Devastação

Se o outro fosse sempre a bênção que gostaríamos que ele fosse, a palavra "alterado" teria invariavelmente um sentido positivo. Um rosto alterado seria fresco, animado, como um buquê cuja água acabamos de trocar.

Se nos mostramos circunspectos antes de abrir nossa alma, é por bons motivos. Quando associamos alguém à nossa vida mental, é verdade que ela logo assume relevo e cores. Diante do estrangeiro que deixa de sê-lo, a interioridade se anima e brilha com um fulgor que não é habitual. Esse novo fulgor vem de fora — a fonte luminosa é o interesse que tem por ela esse outro que procura penetrar no mais profundo interior, e antes de tudo distinguir-lhe os contornos. A curiosidade do outro reaviva tudo, com a condição, é claro, de que esse outro interesse. Do contrário, ela oprime — como oprimem os gritos das crianças no estrangeiro: *Hello, Mister! Where are you from?* [Olá, senhor! De onde você é?].

Socialmente previsível, o interesse do outro não me intriga: é raro que o turista se interesse pelos vendedores e pelos mendigos, a estrela por seus fãs, o príncipe por seus súditos. À avidez humana é humano se furtar. É apenas quando não compreendemos o que provoca a curiosidade do outro que nós mesmos nos tornamos curiosos a seu respeito. O interesse que temos pelo eu o faz sair de sua letargia se, e somente se, o eu toma esse interesse para si. É preciso que ele não tenha resposta para a pergunta "O que querem?". Então, eventualmente, o eu se engaja numa exteriorização consentida. Esse desdobramento, embora agradável e lisonjeiro, não tem, contudo, nada a ver com o narcisismo — é preciso que haja dois, enquanto Narciso não precisa de ninguém (e se por acaso há alguém, Narciso o reduz a nada: havia uma ninfa, agora existe o eco). Quando respondo favoravelmente a alguém que quer me conhecer, eu não lanço minha imagem no mundo que não me pediu nada. Faço menos do que permito que se faça. O objetivo é medido — tudo é respirável na intimidade, tudo está na escala humana. Até mesmo a megalomania se conquista. Porque as mais altas ambições, quando são murmuradas a dois, deixam de ser sem partilha.

Os turistas e as estrelas têm razão em se proteger. Se temem se fascinar por outra coisa diferente de si, eles não estão errados. Para explicar seu fracasso com os homens, Rita Hayworth culpava a distância entre ela mesma e aquilo que eles buscavam: *They went to bed with Gilda and they woke up with me* [Eles foram para a cama com Gilda e acordaram comigo]. O que é pisoteado na história é o eu.

Kundera conta uma piada tcheca. Um sedutor daquele país obtém o que deseja de uma mulher russa e a abandona imediatamente depois. Você pode ter possuído meu corpo, mas não possuiu minha alma, protesta a russa abandonada. Fim da piada. Para rir disso, é preciso aceitar dois pressupostos: o ódio dos tchecos pelos russos, o desprezo dos sedutores pelas mulheres. A alma russa é um preconceito nacional, e, quanto à alma daquela mulher em particular, ela é a única a se importar com ela. Ninguém quer saber, ninguém acredita nela.

Existem escroques da intimidade. Também existem, e o número deles é maior, os destruidores irrefletidos. Estes não têm más intenções, o que é pior. Eles saqueiam sem notar. São os profanadores distraídos. Sua indiferença fere ainda mais que a hostilidade, porque podemos querer mal ao malvado. Então procuramos uma revanche contra um mal cometido intencionalmente. Contra a indiferença não há revanche. De que nos lamentaríamos, se não da própria tolice? Você não deveria ter aberto a porta, ido para a cama. Não deveria ter contado aquele nada que a diminui ou aquela incongruência que a ridiculariza, já que foi repetida. Tudo será repetido. Agora, esses detalhes íntimos estão do lado de fora, expostos à luz do julgamento.

Estou muito bem na minha casa, em meio a pensamentos familiares, enquanto ninguém se mete para julgá-los e reduzi-los ao que eles são: quase nada. Porque avaliá-los significa secá-los. A vida mental não resiste ao julgamento, tampouco o que germina ao sol ou ao vento. Porque o germe quer o obscuro e o úmido. Inicialmente a terra, posteriormente o dia. Certamente podemos defender uma afirmação pública, sustentar nosso ponto de vista, encouraçar com argumentos de um artigo ou um livro. Mas a vida mental é indefensável: por natureza ela é sem defesa. Assim que a defendemos, ela deixa de ser o que é, ou seja, um fluxo permanente de impressões e a germinação aleatória de pequeninas ideias no adubo das lembranças.

Existem perigos por toda parte, até mesmo no equilíbrio: cabe a cada um distinguir, para si, o limite da estabilidade, que possibilita a vida interior, e a estagnação, que produz o desgosto de si. Que seja necessário, de vez em quando, sair de si, abandonar provisoriamente suas preocupações e seus sonhos, é uma evidência, mas de que modo? A sugestão de uma intimidade geral é uma falsa boa ideia. Contrariamente ao que François Jullien dá a entender, tornar-se íntimo não é uma decisão. E, mesmo que fosse, nada impediria que fosse a pior decisão possível. Há os Átilas da vida interior. Deixar-se conhecer por eles a pretexto de que nos entediamos é correr o risco de nos vermos pelos olhos deles. E como não se ver como algo descartável quando nos vemos descartados depois de sermos conhecidos por dentro?

Entre o desgosto e o desprezo de si, é preciso recusar escolher.

Aspiração à autonomia

Meu irmão era um ano mais velho do que eu. Encontrei, desde os primeiros passos, um braço no qual me apoiar, um parceiro de brincadeiras e o acréscimo de alegria que uma existência em dobro oferece: a vida a dois. Recolhi as feridas e os calombos — *boys will be boys* [meninos são meninos]. Um irmão mais velho é um pote de ferro, tive minha dose de choques e rachaduras. Pensando nisso, nada por que chorar. Depois vivi a dois, repetidas vezes. Vivi a dois toda a minha vida, exceto durante três anos. Como eles foram lentos, esses três anos! Incoerentes como um pesadelo. Concluí que, no meu caso, o curso normal da existência pressupõe a presença de um outro a quem queremos bem, para quem não temos segredo ou quase: o menos possível, e sem ameaça.

A presença amada organiza o presente, impõe uma ordem e prioridades. Sozinha, que motivo eu teria para comer na mesma hora que os outros, lavar-me, levantar-me, jogar o lixo fora? Arrumar, então, por quê? "Para quem?" até aí escondia "Por quê?", e "Por quê?" só pedia para chegar até "Para quê?": para que fazer a cama, mudar a lâmpada ou lavar a banheira? Rapidamente escorre-se para o informe. O outro estabelece uma ordem do dia, é seu primeiro benefício. Não apenas ele organiza o presente, mas também estabiliza a memória: quando quero repensar esta ou aquela época, é dele que me lembro. Como traduzir *significant other*? A pessoa a ser avisada em caso de acidente não é uma tradução, mas um curto-circuito trágico. O outro importa a toda hora, não apenas quando o sangue escorre, e a vida desfila a toda. Ele importa a passo, nas varandas da existência: durante as manhãs sonolentas, à noite, durante o aperitivo, na hora do chá.

Desses três anos restam-me fragmentos. São anos em pedaços. Eles me revelaram o nada da propaganda feminista a favor da autonomia — nada no que me diz respeito, pois sua pertinência social não deixa dúvida alguma. Essa propaganda ganha terreno em parte porque é simples: decidir ser autônoma é dispor-se a contar apenas consigo para significar o mesmo que um homem e do mesmo modo que ele. Isso implica desenredar-se dos laços familiares, porque é preciso deixar de ser e de se pensar como *filha* ou *mulher de* para conseguir ser você mesma. O projeto é o de se bastar. Ser você, projeto neutro. A igualdade, aqui como alhures, acabará vencendo, pois a simplicidade a torna inesquecível. É uma ideia destinada a voltar, nos ocos da existência. Quem poderia admitir que, em virtude de uma suposta natureza, os caminhos da individualização lhe fossem barrados? Quem poderia se conformar a ignorar ou a desprezar seus próprios dons? Quem poderia desistir da busca da felicidade — não a felicidade como todo mundo, mas a felicidade sob medida, que é a mola do individualismo? Todos nós somos indivíduos: a simplicidade da fórmula tem duas vertentes: a evidência e a tolice.

As sociedades democráticas assistem à queda da natalidade em razão da chegada desse novo ator: a mulher solteira que trabalha e não tem filho. Por toda parte ela é a estrela, o modelo da autonomia. É preciso avaliar o caminho percorrido. Essa personagem, antigamente, era a desafortunada da condição feminina, aquela que não tinha conseguido se encaixar por falta de bens, sorte ou beleza. Empregadas, governantas ou damas de companhia, as solteironas são os parentes pobres do romance europeu. De *Eugénie Grandet* a *Washington Square*, era evidente que uma mulher que não parisse perdia a vida. Na tripartição de Nathalie Heinich, essa personagem é chamada de *a terceira*, aquela que se define fora da sexualidade, não sendo nem mulher legítima nem a amante do herói (ou seja, respectivamente a primeira e a segunda, no vocabulário de Heinich).[1]

Por uma reviravolta singular, esse subser tornou-se a heroína dos tempos modernos: doravante é ela quem agarra a vida com as mãos. Antigamente, presumia-se que ela não tinha podido ascender à vida familiar. Hoje, reconhecem que ela o quis, a incapacidade se transformou em vontade, a impotência se metamorfoseou em recusa. Essa reviravolta não data do *Segundo sexo*; ela pode reivindicar um ancestral tão prestigioso quanto Ibsen. *Casa de bonecas* (1879) já continha o argumento capital em favor da solidão feminina. Esse argumento é a busca da autonomia, e seu motor é uma suspeita lançada sobre a consistência da vida familiar.

Uma mulher que vive em família sempre pode se perguntar se vive por si mesma. Como ela está o tempo todo ocupada com outros, a resposta é, incerta. Era isso o que ela queria? Essa família é obra sua ou o simples produto de sua passividade? Apoiada no afeto de um homem, pode ser que ela tenha permanecido numa condição de eterna menor. Assim é que Nora, a heroína da peça, percebe que permaneceu criança a vida toda, mesmo tendo casa, marido, filhos. Quem pode me assegurar que eu não tenha me deixado levar pela existência, passando como irresponsável de meu pai para meu marido, sem jamais definir o que quer que seja de meu? É possível que eu esteja confinada numa falsa existência, levando uma vida fingida numa casa de boneca. As vidas femininas são expostas a essa suspeita, que é irrefutável. Isso não quer dizer que seja verdade; isso quer dizer que é impossível provar que é falso. Toda vida conjugal pode ser taxada de conformista. A mulher que se dedica a ela pode ser a enganada do modelo dominante, que ela reforça com sua submissão: a liberdade, consequentemente, parece ser o apanágio da mulher que parte.

Existe hoje, contudo, assim como antigamente, uma liberdade que investe na formação dos laços, mas ela é necessariamente imperceptível do exterior. Como o íntimo não se mede, unir-se tornou-se suspeito. Por trás do motivo do amor, sempre alegado nos casamentos modernos, podem se esconder a fraqueza e o medo — o desejo de agradar, ou o medo de ficar sozinha. O medo e a complacência são sentimentos imaturos. Ao contrário, o rompimento é dar a prova incontestável da liberdade. Romper é decidir por si; casar-se, não se sabe: talvez seja agradar à parentela, à paróquia ou ao que resta dela. É preciso uma grande segurança afetiva para gostar de quem gostamos sem nem por isso temer submeter-se ou alienar-se. Rodolphe mexia com a cabeça de Emma Bovary como fazem os sedutores: sussurrando-lhe que a verdadeira vida estava em outro lugar. Hoje em dia, não há mais necessidade de um terceiro para separar os casais, a independência em si é um poderoso atrativo. Ela não fala à sensualidade, mas à coragem. Somente a independência nos permitirá saber o que valemos, sem rede de proteção.

Amós Oz conta que sua mãe fazia da solidão um teste: "Segundo mamãe, a solidão era como que uma grande martelada: ela quebrava o vidro em mil pedaços, mas temperava o aço".[2]

A tentação da independência é a tentação da prova. Teríamos a capacidade de não contar com ninguém? A questão é saber se somos capazes de viver como indivíduo ou se, no fundo, permanecemos, dissimuladamente, uma mulher incapaz de se lançar na aventura de viver, de se lançar sozinha nas travessias, mesmo que midiatizadas: o Atlântico a remo, o Pacífico numa prancha ou o polo Norte num trenó.

Reclamo por ter ficado sozinha três anos inteiros, mas talvez fosse o momento de reduzir a importância daquilo. Pode ser que a solidão seja uma fase inevitável na vida da mulher moderna. La Bruyère, que detestava os cortesãos, afirmava que seria necessário experimentar a vida da corte para se desapegar de seu prestígio. A corte é bela, vista de longe. Ela cintila, é um esplendor. Ali chovem pensões, postos, promoções. Enquanto não se tiver vivido no meio dessas intrigas, enquanto não se tiver conhecido suas baixezas e sua dureza, somos inevitavelmente fascinados por sua grandeza, seu ar de glória e sua beleza. É preciso passar por ela para compreender. O mesmo fenômeno se produz ao contrário: o individualismo é um poderoso atrativo, e, parece, o teste de nosso valor. É somente com o uso que ele revela sua pouca profundidade.

A autonomia não me interessou. A única coisa de que sou devedora é a segurança que consegui e que consiste em saber, por experiência, que a autonomia não me interessa. Esse objetivo não é para mim. O termo deve englobar situações muito diversas, e longe de mim o desejo de atirar pedra nos "novos modos de vida". Alegro-me com as mulheres solteiras, as mães solteiras e as homossexuais que foram desestigmatizadas; não imagino viver numa sociedade que não abrisse possibilidades. Mas a tolerância, que é necessária à vida em sociedade, não pode proibir a crítica de um ideal, nem a formulação de como, com o uso, ele se revelou vazio ou falso. A experiência me ensinou que a autonomia não contém nada que não tenha estado presente na vida anterior. Uma tentativa, ela foi apenas uma tentativa, sem nenhuma contribuição nova. Mesmo que eu tivesse fingido satisfação por ser livre, nunca senti nenhum orgulho por viver sozinha — não experimentei *pride*, essa palavra planetária lançada como uma brilhante velatura sobre as vergonhas do passado. O orgulho me serviu: como maquiagem, eu o achei útil. Quem gostaria de passar por uma coitada quando o papel de solteira convicta está disponível? Em virtude do ditado "Antes invejada que coitada", não tenho motivo algum para me privar disso.

A exaltação da autonomia certamente deve ser recomendada para esconder os sofrimentos e cuidar das feridas. Em si, porém, ele é vazio e não leva a lugar algum. Quando não é mais reparador, mas preventivo, conduz ao erro. Refiro-me aqui à autonomia afetiva. Quanto à autonomia econômica, ela simplesmente resulta do bom senso. Prover as suas necessidades, pagar dívidas: são regras evidentes para todos os adultos. Allan Bloom acusava a propaganda feminista a favor da autonomia de ter arruinado a família, porque, segundo ele, o homem só se preocupava com os seus exatamente porque eram seus. Quando as mulheres saem de sua dependência material, elas devem se preparar para perder a afeição do marido. Mesmo que esse diagnóstico pessimista esteja correto, ele nos deixaria no meio da travessia. A entrada em massa das mulheres na vida profissional aconteceu. Não apenas não é possível voltar atrás, como isso não seria sensato para facilitar o acesso à vida a dois e encorajar a estabilidade da vida sentimental. Afinal, não verificamos que os homens favorecem, em suas opiniões conjugais, as dondocas incapazes de ganhar a própria vida. A primeira posição continua sendo a das mais jovens e mais bonitas. No caso inverso, as mulheres, que estão dispostas a muita coisa para agradar, teriam muito prazer em parar de ganhar a própria vida. Parar de ir ao trabalho é evidentemente mais simples do que fazer implantes mamários. A fobia de compromisso dos homens, que se tornou tema de debate público nos Estados Unidos, é um problema que não se resolveria se as mulheres parassem de trabalhar, mas ao contrário. Quando a ideia de encarregar-se de uma família se tornou pesada demais para os jovens, a ideia de se encarregar dela *sozinho* corre o risco de não ter adeptos. A mulher que não trabalha parece encarnar uma ideia fora de moda, notadamente parasitária, de seu papel na família. Ao contrário, a mulher economicamente autônoma apresenta-se como uma parceira colaboradora. Por isso a noção de autonomia econômica tem duas vertentes: é um trunfo na caça ao marido, como era antigamente o nível social da família. Não é um trunfo tão confiável quanto a beleza, que por sua vez é apenas em certa parte confiável, como lembra La Bruyère com seu humor áspero: "Quantas moças para quem uma grande beleza serviu apenas para lhes fazer esperar uma grande fortuna?".[3] O trunfo profissional vale menos que outros, mas ele tem, sobre a perfeição física, a vantagem de que podemos nos dotar: nesse campo, pelo menos, o mérito influencia. A autonomia econômica é também uma proteção indispensável em caso de divórcio. Daí tem-se de concluir que ela é um Jano: olha para a formação do casal e para a possível dissolução. Não favorece uma mais que outra.

O mesmo não acontece com a autonomia afetiva. Esta visa apenas a dissolução da família, já que apresenta os laços como supérfluos, até mesmo nocivos. Os laços familiares de que a mulher se sobrecarrega ameaçam sufocá-la. Querer ser amante, esposa, mãe é pegar o caminho errado. A autonomia vale mais do que esses laços. É preciso desaprender a viver para os outros, a finalmente aprender a cuidar de si, essa é a mensagem. E ela é sinistra. É preciso mesmo estar cega para acreditar que a autoajuda vale mais que o amor aos outros. Preocupar-se apenas consigo mesmo e se encolher é sempre doloroso. É o que experimenta o pobre Emílio quando tem de deixar a mulher que ama, e que o enganou:

> Que vazio se abre em nós, quanto se perde de nossa existência quando nos prendemos a tantas coisas e precisamos gostar apenas de nós mesmos [...]. Eu tinha de procurar saber se ainda era aquele homem que sabe ocupar seu lugar em sua espécie quando nenhum indivíduo se interessa mais por ele.[4]

O ideal individualista permite que se ultrapassem situações difíceis. Não é pouca coisa. De fato, o objetivo de uma vida é decretar o inverno.

Arendt considera que, por vezes, é admissível mentir aos outros, mas nunca a si mesmo: pode ser que eu tenha sugerido, mas nunca acreditei que havia algo de invejável na situação da mulher divorciada. A solidão não revela nada que já não se saiba. Ao contrário da esperança um pouco enfática da mãe de Amós Oz, ela não indica certeza do valor individual — aço temperado ou vidro quebrado. Porque a solidão não é nada de novo: uma mulher, por mais presa que esteja aos laços familiares, não deixa de passar por momentos de solidão ao longo do dia. Estamos sozinhas no banho, quando esperamos o metrô, quando dormimos. O celibato apenas estende a solidão a momentos que antes a excluíam: eis que, de repente, eu estava sozinha ao despertar, sozinha ainda no café da manhã e diante da parede para o jantar.

Não era nem uma comoção nem uma revelação, apenas o clima mental rotineiro, o baixo contínuo da existência que se faz ouvir quando a melodia se calou.

Podemos pensar que o discurso feminista é apenas um novo modo de manter os homens à distância. Na época clássica, as mulheres se enrolavam no recato para se defender dos galanteadores. Em nome de suas virtudes, rechaçavam as abordagens masculinas, com maior ou menor severidade. Em alguns casos, sem força alguma. A autonomia seria um entrincheiramento do mesmo tipo, respondendo, no contexto moderno, à mesma necessidade de defesa. É verdade que as mulheres ainda não atuam na arena da sedução da mesma forma que os homens. Sua desvantagem provém principalmente do fato de que elas continuam, em sua imensa maioria, a procurar a estabilidade do lar e a possibilidade de conceber, contando com a presença de um pai.[5] Ontem, rechaçar todos os sedutores; hoje, procurar o homem ideal: os dois propósitos não são idênticos, mas tampouco totalmente sem relação.

O paralelo da prudência e da autonomia é tranquilizador, mas não inteiramente convincente. A diferença essencial é o acesso à sexualidade. No primeiro caso, ele é excluído; no segundo, é permitido. A autonomia das mulheres jamais proibiu relações; ela tende a multiplicá-las. A postura clássica da prudência virtuosa opunha à pressão masculina um não suscetível de se converter em sim, caso o amante conseguisse se fazer ouvir. Era algo como um *não, mas sim*. O recuo para a autonomia produz a sequência inversa: é um *sim, mas não*. A defesa perdeu em encanto do mesmo modo que perdeu em eficácia.

Uma mulher sem filho não é mais do que, em parte, uma mulher com filhos foi e continua sendo. Uma mulher sozinha não é mais do que foi uma mulher casada, e ainda é intermitentemente. A formação de laços maternos ou conjugais é um trunfo no mundo; a ausência de laços não acrescenta nada. É uma trapaça moderna fazer passar esse nada por alguma coisa, e dar a estrondosa publicidade do novo ao eterno presente de ser você mesma.

Os dois pombos

Uma célebre fábula de La Fontaine põe em cena dois pombos. Um quer deixar o ninho para ver o mundo, o outro procura retê-lo por meio do mais tocante discurso:

> O outro lhe diz: o que vais fazer?
> Queres deixar teu irmão?
> A ausência é o maior dos males:
> Não para ti, cruel. Que pelo menos as dificuldades, os perigos, os cuidados com a viagem
> transformem um pouco tua coragem.
> E ainda, se a estação estivesse mais adiantada!
> Espera os zefires: por que tens pressa?[1]

O pombo sedentário passa do registro afetivo – você não me ama, a ausência não o afeta – aos conselhos práticos que poderiam, pelo menos, conseguir um adiamento: espere a primavera, não há pressa. Para o pássaro no lar, conseguir um adiamento já é alguma coisa. Ele encarna a humildade do amor que procura ganhar tempo, na impossibilidade de conseguir tocar o coração.

Tudo é bom, desde que você fique. Os papéis se opõem, bem como as opiniões: a aventura ou a casa; aquele que se entedia ou aquele que se alarma; aquele que voa ou aquele que suplica. Somos tentados a dizer "aquela" por causa de seu lamento – cruel! – e também por causa da humilde preocupação que tem algo de feminino, quase maternal:

> Ai! Eu direi, chove!
> Meu irmão tem tudo de que precisa,
> Boa janta, bom abrigo, e o resto?[2]

Mas La Fontaine diz: um, o outro, seu irmão, meu irmão. Os pássaros da fábula são sexualmente indistintos, como o são à primeira vista os pombos e as rolas, salvo na época do acasalamento. La Fontaine escolheu pássaros que se parecem a ponto de ser impossível determinar, numa sacada parisiense, se é o macho ou a fêmea que choca, coisa que eles fazem alternadamente. É certo que nada o obrigava a isso. O dimorfismo sexual é frequente na natureza, sem que se tenha de buscar a ave-lira. Mais perto de nós, a galinha e o galo, o pato e a pata, o faisão e a faisoa oferecem candidatos para gêneros claramente diferenciados. A fábula, ao contrário, prefere associar dessemelhança dos papéis e semelhança dos corpos. Essa aliança lhe confere parte de sua graça. Os estereótipos estão próximos, mas contidos. A diferença dos sexos resvala pelos pássaros sem se encarnar. Essa fábula não possui uma moral, a menos que tomemos por moral este conselho aos amantes:

> Sejam um para o outro um mundo sempre belo,

Sempre diverso, sempre novo,
Sejam vocês mesmos tudo, contem o resto por nada.[3]

A ordem para que não liguem para o mundo constitui uma moral? Um casal fraterno pode figurar o amor? E podemos para sempre nos satisfazer por sermos dois?

Ao escolher dois pombos, La Fontaine talvez tenha visado o momento de estranha gemeidade em que os amantes, por mais diferentes que sejam, se reconhecem como semelhantes. Eles são uma só carne, uma alma em dois corpos. Eles não são iguais, são unidos a ponto de serem um, apesar das aparências. No coração da experiência amorosa, por outro lado tão tumultuada, encontra-se essa ilha de semelhança e de paz. Aqui a questão da igualdade não se apresenta, a não ser como divertimento. Nada está mais distante dos amantes do que a guerra dos sexos. Guerrear supõe excesso e falta. Aquele que procura dominar não ama; aquela que reivindica não se sente amada, não o suficiente. O êxtase, ao contrário, não deixa nenhum espaço para o sentimento de desigualdade nem num sentido, nem noutro: a soberba é rebaixada, o ressentimento, apagado. No auge, nós nos sentimos, queremos o mesmo. A dessemelhança física aparece como um simples véu atirado sobre uma identidade mais profunda, desconhecida do resto do mundo. Ninguém está mais perto de mim do que aquele outro cuja carne eu aceito mesclar com a minha. Ele é o menos estrangeiro possível, logo o mais fraterno. Não há dúvida alguma de que a diferença de sexo é um atrativo poderoso, mas, no coração da experiência — naquela paz que se segue ao amor que faz lembrar o olho do furacão —, parece que algo de seu magnetismo comum é suprimido. Não é mais a hora do furor, é a hora do amor terno, cuja menção abre o poema:

"Dois pombos se amavam de amor terno."

A diferença dos sexos importa para a formação de um casal: unir-se é finalmente saber o que vou querer sexualmente, isto é, como mulher — ou como homem, no sentido de *vir* [varão]. Poderei fazer gozar? Tenho em mim com que agradar e prender? Não é o lugar para eu exprimir meus talentos individuais — o mundo do trabalho provê a isso. Enfim, nós somos dois, sem parentes, nem público. A sociedade não está mais presente para me aplaudir ou me ignorar. Não são mais minhas particularidades que entram em cena, mesmo que tenham tido participação na escolha do objeto ou da sedução que eu exerço; elas não estão mais em primeiro plano. Quando me esforço para ser escolhida por um parceiro, é minha relação com minha sexualidade que se afirma — como eu me situo em relação à diferença da qual procedo e que me atravessa, que é da espécie e não de cada um, e com a qual todos os corpos humanos são marcados na pequena matriz do umbigo.

Posso, evidentemente, limitar a aposta, decretar que a libido não existe senão para meu prazer, como os hedonistas, ou para minha perdição, como os religiosos — porque a negação pode ser ascética ou libertina. Porém, quer eu me exponha ou me preserve, quer eu me entregue ou me desafie, a sexualidade é uma força que não domino. Eu me arranjo com ela, sem dominá-la. Dizer "meu" desejo é quase que um abuso de linguagem. A sexualidade me carrega e me ultrapassa, assim como a onda carrega o surfista minúsculo e glorioso.

Desejar sexualmente não chega a ser um fato individual, mesmo que minha relação com a sexualidade seja uma evidente negociação pessoal, aliás variável segundo as épocas, as regras sociais e as relações sociais. A sexualidade é uma disposição da espécie. É também, para a maioria, o impulso que preside a formação dos casais — entendendo-se com isso não os amores de uma noite, mas os casais em que pelo menos uma das partes gostaria de ficar junto para sempre, sem forçosamente confessá-lo, de tanto que o medo do fracasso é grande. O momento da aproximação amorosa é angustiante, apesar dos embelezamentos com que a memória individual ou a literatura mundial se comprazem em orná-lo. O amor é tudo o que palpita entre o desejo e o medo da rejeição. Aqueles que falam da paz do amor ou de sua franqueza são enganadores ou ignorantes. Sem dúvida, a vida conjugal é uma estase — a margem tranquila na qual os amantes sonham aportar —, mas o amor é um excitador. É também uma escola de dissimulação, pois cada um se esforça para conhecer o jogo do outro sem mostrar o seu. É para mim, é de mim que ela sorri? Ela me olhou, ou estou sonhando? Esse esforço é como uma aposta que não para de crescer: quanto mais nos obstinamos em decodificar a conduta do outro, mais nos apegamos a ele talvez erroneamente. Não conseguimos deixar de nos concentrar em ínfimos indícios, temendo nos perder em tais pensamentos — comprometer os interesses, a dignidade, os apegos anteriores. *Eu não quero mais pensar nisso* é o limiar da obsessão. O sujeito apaixonado está suspenso, como um jogador, entre a esperança do ganho fabuloso e o medo de deixar no jogo as calças.

A diferença dos sexos não interessa continuamente ao estar junto: por um lado, a estase parece dissipá-la; por outro, sua jurisdição é menor antes e após a idade do amor. É raro que os pequeninos sejam claramente menina ou menino: as pessoas se enganam nesse ponto. Filêmon e Báucis acabam por se parecer. A primeira infância e a idade avançada não experimentam a divisão sexual, não no mesmo grau. A indiferenciação importuna todos os casais, como se a diferença dos sexos pudesse ser abolida — o amor extremo ou a paz conjugal — para dar lugar a um entendimento que repousaria na identidade.

Vida de casal e moralidade

Não é libertando-nos da sexualidade que a vida do casal é mais moral que outra. Aliás, alguma vez estivemos livres dela, mesmo com a idade? Deveríamos temer estar, porque podemos nos resignar a tudo, exceto à resignação. O simples fato de dizermos que ultrapassamos a idade dos amores é frequentemente um desencadeador da crise da meia-idade.

Também não creio que se deva buscar a moralidade na direção para a qual aponta François Jullien, quando convida a aprofundar o ilimitado do interior. "Pois a intimidade se abre para o ilimitado, o de um progresso que não tem fim nesse interior partilhado."[1]

A vida conjugal favorece a moral, num sentido muito mais comum, dando lugar aos bons pensamentos. Não dirija tão rápido. Não vá ficar resfriado. O outro é o repositório, a ocasião da preocupação, da previdência em curto prazo e da bondade cotidiana. Ele permite que eu estremeça por ele, que eu me pergunte: O que poderia ajudá-lo? Como lhe dar prazer? Essa orientação dos pensamentos é uma graça no meio das preocupações comuns, dos deveres opressores ou das faltas culpadas. As dificuldades são arejadas pela gentileza familiar, por mais banal que ela seja: O que farei para o jantar para agradá-lo? O que vou comprar para ele no Natal? É fácil caçoar da afeição em suas pulsões banais — comprar, vestir, alimentar. É fácil ironizar as receitas culinárias, os domingos de festa, as abobrinhas da vida familiar. Todos os adolescentes fazem isso. Mas é preciso ver como a vida fica quando esses ritmos familiares são retirados e cada um tem de suportar a vida sem obrigações. Tanto é tranquilizador se preocupar com o outro quanto é amargo concentrar-se em si mesmo.

A vida conjugal é mais fácil que a vida solitária. O outro ajuda a escandir o tempo. Os impulsos que ele dá, por mais fracos que sejam, permitem passar de uma atividade a outra ou conceder um tempo de repouso. Eles favorecem também as mudanças de lugar. A angústia dos solteiros diante da aproximação das férias mostra a que ponto toda decisão, mesmo egoísta e benéfica, é difícil de ser tomada sozinho. O que vai me descansar mais, como saber? O egoísmo dos solteiros é uma ilusão de ótica. Visto de perto, o para-si é sempre um problema. Quantos solteiros acabam saindo de férias por vergonha de confessar que não saíram? No casal, ao contrário, os desejos, por mais vagos que sejam, se estabilizam ao se cruzarem. "Decidimos ir a Malta" é a simplificação um pouco mentirosa de um processo problemático (um queria ver o mar, e o outro tem medo de sentir frio, o que exclui Trouville — você se lembra de como ventou, há dois anos, com a sua mãe?). Pouco a pouco, tateando, de lembranças a hesitações, desenha-se uma direção que não é uma decisão, nem mesmo um compromisso. Existe um "por que não?" nesse tipo de escolha que não é da preferência de ninguém — o alea jacta est da complacência mútua.

A vida conjugal é mais fácil, e por isso mais moral e mais digna de ser vivida? Rousseau não hesitou em promovê-la como um modelo intransponível. Sua apresentação do casal não é uma simples variante do velho tema bíblico: não é bom que o homem esteja só. É um artefato complexo, embora sua base seja natural. Rousseau começa apertando o laço conjugal a ponto de formar, quase que organicamente, um ser integral:

> Dessa sociedade resulta uma pessoa moral em que a mulher é o olho e o homem, o braço, mas com tamanha dependência um do outro que é com o homem que a mulher aprende o que é preciso ver, e com a mulher que o homem aprende o que é preciso fazer.[2]

O modelo não é igualitário e gemelar, mas diferenciado e siamês. Um e outra constituem um só, conservando suas especificidades. Porque eles se unem, sem jamais se amalgamar. Eles formam um todo, permanecendo homem e mulher, mesmo quando o desejo deixou de magnetizá-los. Rousseau acentua as diferenças sexuais, mas para melhor intrincá-las, porque seu objetivo é aumentar a coesão conjugal. Além disso, ele atribui à unidade conjugal assim constituída não apenas uma felicidade sem igual, uma capacidade econômica superior à do indivíduo isolado, mas também uma vantagem epistemológica: o casal pode alcançar uma ciência superior à do homem sozinho.

> A mulher observa e o homem reflete; desse concurso resultam a luz mais clara e a ciência mais completa que o espírito humano pode adquirir de si mesmo, isto é, o conhecimento mais seguro, de si e dos outros, que está ao alcance de nossa espécie.[3]

A hierarquia em benefício do masculino sem dúvida sustenta a diferenciação dos papéis. Hoje ela nos incomoda porque é frontalmente contrária ao ideal igualitário, tendo perdido quase que por inteiro sua pertinência social (não encontraremos muitas mulheres ocidentais dispostas a se definirem, à moda rousseauniana, como privadas de talento e nascidas para servir). Como, por outro lado, podemos nos perguntar se a diferenciação dos papéis sexuais pode subsistir por si mesma, sem o reforço da hierarquia, o futuro desse modelo de casal é menos incerto. Feitas essas reservas, é preciso confessar que o ideal conjugal não havia sido enunciado em termos tão atraentes e embelezado com tamanho prestígio. O casal supera o filósofo solitário. Não é o homem o autor do mais alto conhecimento, mas o dueto homem e mulher. É difícil esperar mais do casal e estabelecer a ele um objetivo mais elevado.

É verdade que Rousseau não defende o conhecimento pelo conhecimento. O amor desinteressado do saber não é seu credo. Podemos observar que as ciências que ele escolhe para ensinar ao seu aluno são sempre subordinadas à observação de si. A curiosidade gratuita lhe parece sempre suspeita, seja nas ciências morais, seja nas ciências da natureza. Logo, em seu espírito, os mais sólidos argumentos a favor do casal são a felicidade e a utilidade: o desenvolvimento das suaves paixões e a propagação da espécie. Na verdade, ele associou a mulher ao empreendimento do conhecimento, numa posição que, embora subordinada, não deixa de ser decisiva: privado de sua ajuda, o pensador não acerta com tanta precisão.

Rousseau, nessas linhas, não fala por experiência. Ele fala de seu ideal, e não por vivência: a companheira de sua vida era inculta e levemente retardada. Ele lamenta, nas *Confissões*, ter permanecido em sua companhia quando, desejosa de deixar Paris, ele se retirou sozinho com ela para o campo. No *Emílio*, uma recomendação relativa à escolha da esposa soa como uma autocrítica:

> Eu só conheço, para os dois sexos, duas classes realmente distintas: uma é a das pessoas que pensam; a outra é a das pessoas que não pensam em absoluto, e essa diferença vem quase que exclusivamente da educação. Um homem da primeira dessas duas classes não deve jamais aliar-se à outra, porque o maior encanto da sociedade falta à sua quando, tendo uma mulher, ele é reduzido a pensar sozinho.[4]

Rousseau sobrecarregou o barco conjugal fazendo do poder e do conhecimento as condições da felicidade. Esse entusiasmo se transforma em imperativo quando ele tem a ideia de fundar sobre a família o pertencimento à nação — "firmar esse laço por meio da família". Em seu *Projeto de Constituição para a Córsega*, ele chega a fazer do casamento a condição da cidadania: "Todo corso que aos quarenta anos completos não for casado e não tiver sido perderá o direito de Cidade por toda a vida".[5]

O próprio Rousseau tinha 56 anos quando decidiu oficializar sua velha união com Thérèse, ainda que jamais tenha preenchido seus próprios critérios. Quando ele se irrita com sua ideia, o faz em seu detrimento.[6] É claro que seu ideal de simplicidade patriarcal o condena, mas a autoflagelação não é uma desculpa. Em seu projeto para a Córsega, ele levou o conjugalismo até a coação do outro, dando uma nova ilustração do gosto sempre tenaz pelas conversões forçadas.

Se colocarmos a liberdade acima de todos os bens, passa a ser ilegítimo tornar outro bem obrigatório — quer a virtude, quer a saúde. Isso não deve nos impedir de apreciar este ou aquele bem, de descrevê-lo ou de refletir sobre ele. O perigo de construir um ideal, qualquer que seja, é ferir as pessoas que não o alcançam. A reflexão sobre o bem exige delicadeza, assim como a promoção do esporte pede uma observação sobre os deficientes. Seria estúpido e cruel oprimir os solitários que já avaliam sua situação diminuída e sofrem com ela. Em compensação, não se precisa temer magoar aqueles que evitam deliberadamente a vida de casal: cabe a eles enunciar as razões que os fazem preferir outra forma de vida. Se a tolerância conduz a nada valorizar ou preconizar por medo de ferir outras escolhas de vida, não é mais uma virtude social, mas uma mordaça. Ela se torna o anunciador do conformismo e se volta contra o liberalismo que a havia tornado possível. Porque a primeira condição do liberalismo é a livre circulação das opiniões.

Outros, que não eu, poderão defender o dom-juanismo, a vida em comunidade liberta de todos os tabus, e também o monarquismo e, por que não, a poligamia. Refletir sobre minhas próprias escolhas não é procurar impô-las. É verdade que tal exame ameaça descambar para a autopromoção. É ridículo nos vangloriarmos do que temos. Pior ainda é elogiar o que não temos com o único objetivo de dar a entender que o possuímos. É uma das piores suspeitas em relação a um autor. A felicidade que ele evoca é uma experiência ou apenas uma pretensão? Ele não procura divulgar sua ideia da felicidade para se destacar na opinião dos leitores? A menos que tome seus desejos por realidades.

Podemos considerar impertinente associar vida de casal e moral e, mais ainda, conceder aos casais um bônus de bondade ou de moralidade. Há solitários que dedicam suas vidas ao bem; há casais que veem o aperfeiçoamento moral como um fim aberrante — a menor de suas preocupações. Assim é com os Thénardier. Enfim, como repetiram à saciedade os partidários do casamento homossexual durante a discussão da recente lei, existem famílias incestuosas ou criminosas. Se é verdade que um solitário absoluto só poderia contentar ou descontentar a si mesmo, o simples fato da pluralidade não é de facto um diploma de moralidade.

Podemos temer que o altruísmo familiar seja apenas um egoísmo que mudou de escala. A afeição pelos próximos seria então o avesso da indiferença a todos os outros, num jogo de soma zero: quanto mais carinhoso se é com os seus, mais duro com os estranhos.

Não é possível, porém, efetuar esse cálculo: não podemos saber se a afeição que investimos na vida privada é retirada do interesse que temos por todos. É uma criação, é uma subtração? Não é possível decidir. Para termos certeza, seria necessário dispor do ponto de vista da totalidade social. Ora, o que constitui a vantagem moral dos casais sobre os indivíduos se experimenta imediatamente em escala individual. O que o casal torna possível é a experiência corrente da preocupação com o outro, a prática habitual da gentileza. O que o casal permite, no melhor dos casos, não é o orgulho de ser agradável a outrem, que a sedução pode fornecer. Não é a certeza de ser útil, que a inserção profissional pode dar. É o sentimento de ser bom, mesmo em pequena escala.

Essa bondade tem limites rapidamente alcançados. A dona de casa que vai às compras não é uma santa: seu mundo é reduzido aos seus, ele não vai além. Em nome de uma generosidade ideal, é fácil reclamar contra a estreiteza do altruísmo familiar, esse feudo da benevolência. Mas as críticas não têm força contra este efeito real: o hábito do bem. A preocupação com o outro, no casal, não é um ideal abstrato: é uma prática, quase que uma rotina.

Outra objeção visa não a estreiteza, mas a falsidade do bem familiar. Esse bem não é um cenário? Uma aldeia Potemkin? Por vezes, de fora, tem-se essa impressão. Antes do nascimento do primeiro filho, notadamente, produz-se uma remoralização espetacular e um pouco suspeita, vista de fora. As festeiras se comportam, as bebedoras largam a garrafa, as fumantes desistem

— a menos que fumem escondidas. As futuras mães chafurdam no bem, bebem em longos tragos do fruto da virtude e conversam sobre amamentação. Para o estranho, o tédio se abate. Não é apenas a higiene da vida que muda: as inimizades familiares se interrompem. Com frequência há muitos machados enterrados perto de um berço: para um amigo da família, é um espetáculo ambíguo.

Uma criança normal leva por volta de oito a dez anos para compreender quem sua mãe detesta. É porque, desde que veio ao mundo, sua progenitora foi até o berço, com um sorriso nos lábios, a voz de boba: "Olha o coelhinho bonito que a mamãe trouxe pra você". É, portanto, necessário tempo para compreender até que ponto sua mãe detesta a sogra.

A impressão de que as mulheres são falsas é injusta. Uma mulher que remoraliza seu meio para seu recém-nascido não mente. Ela afasta espontaneamente os sentimentos que magoam, sem pensar, do mesmo modo que recolheria pregos do chão. É provável que continue a pensar a respeito da sogra o que sempre pensou; isso não a impede de desejar que aquela mulher ame o neto e seja uma avó aceitável. Porque o limite da mãe é a vantagem do filho.

Antes de qualquer nascimento, as mulheres acertam os relógios — e mesmo até com leve atraso. Trata-se para elas de acolher a criança num mundo melhor e mais doce do que ele é. Essa esperança existe para ser desmitificada: nove meses é pouco tempo. Podemos tornar um ninho aconchegante, mas não mudar o mundo. Não importa, a esperança renasce sempre, produzindo pequenos arranjos com os sentimentos e os fatos. Isso forma um mundo *ad usum delphini*, uma bonita decoração de quarto de criança.

Há homens que se irritam com essa ajudinha do mesmo jeito que com uma trapaça. Os mesmos também se irritam como se fosse falsidade o gorjeio feminino diante dos pequeninos, o discurso materno que pertence ao instinto e que é observado em todas as mulheres do planeta ao se dirigirem aos bebês, qualquer que seja sua cultura ou língua de origem. A incompreensão masculina não é evitável: a voz que ela assume não é sua voz, e o que ela conta à criança não é exatamente o que ela pensa. Cedo ou tarde, a mentira acabará por vir à tona. Os homens têm razão do ponto de vista da verdade. Mas os ninhos são feitos para durar para sempre?

Evoquei os aspectos felizes da vida de casal. Os ganhos morais que descrevi poderiam ser contrabalançados com os sofrimentos, os maus-tratos ou os crimes, não deixarão de objetar os detratores da vida em família. Muitos casais se machucam, muitas famílias se decompõem: como esquecer, no momento em que as campanhas pelas mulheres agredidas ocupam o espaço público, revezadas com os alertas sobre a infância em perigo? Fazer da família o paraíso dos bons sentimentos parece inapropriado quando a hora é de ficarmos atentos, isto é, de suspeitarmos dos machos heterossexuais. Em consequência de uma leitura feminista da história, aconteceu o que vemos hoje: uma eterna suspeita. O macho é presumidamente culpado de injustiça e de violências, e, quando não é diretamente culpado, está associado de perto a elas. Se não foi você, foi seu irmão. Em todos os casos, ele tira proveito. Na verdade, sua violência pode ser rara, esporádica, inexistente até. Supondo-se que ela intervenha apenas pontualmente, é para sustentar uma injustiça que é, em compensação, estrutural e permanente. O homem moderno, mesmo que se defenda, mesmo que não queira saber, está envolvido com séculos de abuso em que os homens confiscaram o poder em seu proveito e reduziram as mulheres à situação doméstica. A idealização do pai de família é um engodo do passado, uma ilusão romântica, um desvario de Charles Péguy. É preciso adotar uma visão desassombrada e ver em cada homem um tirano em potencial. A prudência incita a tomar medidas preventivas para conter seus abusos previsíveis.

É difícil se entregar e se defender: semelhante estado de espírito não é, portanto, um presságio de harmonia doméstica. Numa perspectiva feminista, um marido atencioso é apenas uma exceção que confirma a regra, e a paz do lar, uma trégua, quando não uma ilusão. O mundo ocidental aparece como uma ilhota de relativa igualdade num mundo regido pela dominação masculina; o casal que eu formo não é senão uma ilha numa ilha. Já que o perigo é onipresente, a vigilância contra a exploração das mulheres não deve jamais se desarmar: não paramos de repetir que o trabalho doméstico pesa sobre as mulheres, com estatísticas para provar, sem nunca nos perguntarmos se a manutenção do lar não resultaria de uma intenção — a imagem de si que as mulheres querem ter, e da vida que elas querem levar. A ideia de que o privado é político — uma ideia que por si dissolve a consistência da vida privada — continua a minar a divisão doméstica do trabalho. Ela permite desvendar a opressão no fato de cozinhar um ovo, de acalentar uma criança ou lavar os azulejos.

A acusação permanente do masculino procede de uma visão da história em que a perseguição das mulheres e das minorias substituiu essa perspectiva colaboradora. Essa visão pressupõe o desaparecimento das comunidades religiosas ou nacionais que serviam no passado de fator explicativo para as ações humanas. O fim da sociedade de ordens, a privatização da questão religiosa ou o afrouxamento do laço nacional acabaram por produzir a incompreensão das forças que moviam os homens e as mulheres do passado. As antigas solidariedades não são mais intuitivamente acessíveis, nem a coesão do mundo humano compreensível. A esses laços, a partir de agora fora do alcance, substitui-se a intenção de oprimir. Esta é psicologicamente familiar: não há necessidade de aprender o que quer que seja para experimentá-la. A narrativa histórica está a serviço dessa percepção: ela está aí simplesmente para reativá-la. Disso resultam distorções consideráveis. O que seria um crime ou um abuso na sociedade democrática, como o casamento arranjado, não é um fato do passado que se deve compreender, mas um projeto deliberado que se tem de atacar. Pais dispuseram de suas filhas! Homens trocaram mulheres! Não se trata de substituir um fenômeno em seu contexto, de tentar avaliar segundo as perspectivas dos atores do tempo. É preciso reagir a isso, pois a opressão das mulheres, qualquer que seja a forma que assuma, exprime uma única e mesma coisa: o projeto masculino de organizar o mundo em detrimento das mulheres. Qualquer entrave à liberdade delas, qualquer diminuição de seu poder assinala a presença dessa ameaça histórica e sempre atual que exige, antes de tudo, uma vigilância militante. Da pré-história aos nossos dias, os homens quiseram um mundo organizado em seu benefício; conscientemente, mantiveram as mulheres numa situação de dependência física, intelectual e social que varia de acordo com as épocas, mas é sempre identificável. A tarefa da sociologia, bem como a da história, é fazer com que essa situação se manifeste.

Não se trata de negar a violência no seio da família, mas parece-me contestável reduzi-la a uma causa única. É permitido perguntar se um dos motivos da violência, e talvez o maior, não é a decepção. O ponto de partida das crueldades conjugais, nesse caso, seria misto. O que produziria o conflito não seria o domínio absoluto do homem sobre a mulher – mas antes sua indiferença, sua tendência para o álcool ou para outros prazeres fora do lar. Não é o domínio, esse grosso fio que movimenta as cenas domésticas, mas o sentimento difuso de que a confiança não tem mais razão de ser. De uma família, só resta a aparência, bem como, certamente, os deveres, pois os filhos continuam exigindo cuidados, refeições, férias. Mas os membros do casal que provia a isso deixaria de ser um para o outro uma fonte de carinho e alegria, de energia e paz. O que ele deveria ser no início e o que continua por vezes parecendo ser aos olhos dos outros, ele não é mais. Com ou sem adultério, com ou sem crise, uma promessa de felicidade foi traída.

As teorias da família foram divididas em duas: as que veem a família como uma instituição essencialmente injusta e as que situam a família acima da justiça. É possível que os dois aspectos não estejam desconectados: o que estimula o sentimento de uma injustiça da família é frequentemente a falência desse além da justiça ao qual ela supostamente conduziria. A iniquidade não é que ele assuma menos de 50% das tarefas domésticas, é que a felicidade tenha desertado nossa casa – a felicidade que ele me fez esperar, que foi meu objetivo, que ele me devia.

O desejo de durar

Por que um dia eu me cansei
de seus encantos?
VOLTAIRE

Como se forma um casal? O que o faz manter-se? Reconhecemos o fundo sobre o qual se desenvolvem as revistas femininas. Suas colunas se dividem entre as formas de sedução e as receitas da duração, isto é, entre as páginas de beleza e as fichas de cozinha, pois é preciso poupar a leitora e não correr o risco de superestimá-la. Por que perenizar uma aliança? Raramente se faz essa pergunta. Se o projeto é submeter um homem primeiramente pelo sexo, em seguida pela boca, não é um projeto honroso.

A questão a respeito de como se mantém um casal ganharia muito se apresentada mais seriamente. Todas as jovens mulheres pensam nisso ao ver um casal idoso, em certo ponto deve parecer improvável que a atração sexual seja a base do relacionamento. Como ele pode resistir a *isso*? — perguntam-se as moças apavoradas. E se ele não a deseja, por que ficam juntos? A longevidade é verdadeiramente um valor ou uma realidade, na falta de melhor definição?

Perguntar-se o que faz um casal ficar junto significa interrogar-se sobre o que faz com que um casal seja um casal. Ora, a definição é difícil porque as aparências enganam, especialmente o morar junto, que tomamos como uma condição, embora seja antes um efeito e nunca uma garantia. A sociologia americana, que gosta dos acrônimos, batizou de LAT — *living apart together* — [morando juntos à distância] os casais que não dividem o mesmo teto. Antes desse avanço da ciência, não era impossível notar que alguns vivem juntos com todas as aparências da conjugalidade, embora um abismo os separe. Ou ao contrário, indivíduos separados há anos podem continuar agindo como casal. Essa capacidade é, no mais das vezes, invisível. Nós a percebemos por ocasião de acontecimentos graves. A infelicidade provoca reuniões inesperadas, atos de solidariedade ou de apoio incondicionais. Os primeiros anos da epidemia de aids, que foram terríveis, revelaram casais entre pessoas que não viviam juntas, que às vezes não se viam mais, ou muito raramente, e que poderíamos acreditar inteiramente absortas em objetivos pessoais, entregues ambas a projetos de carreira. De fato, não era da caridade que se tratava, mas da realidade do casal, que escapa a qualquer percepção externa.

O que faz um casal é a decisão de pôr o outro no centro de sua vida. Tal decisão pode ser tácita ou formulada. No segundo caso, ela pode ser discreta ou pública: se o casamento reforça o compromisso — e ainda assim não é certeza —, o compromisso pode também dispensar toda publicidade. A vida de casal precede a instituição do casamento e não se reduz a ela.

O outro é o centro e assim deve permanecer. Sendo assim, o que fazer dele? A resposta pela vida sexual também prevalece hoje em dia. Um casal, casado ou não, se define pela pressuposição social de uma vida sexual comum. De fato, com o passar do tempo, essa suposição se torna cada vez menos plausível, e cada vez menos natural, a não ser que se considerem fatos naturais a cirurgia e o Viagra. A insistência sobre a vida sexual se baseia na promoção do orgasmo tão incessante quanto estranha, pois, se existe um fenômeno físico que pode dispensar publicidade, ele é certamente o prazer sexual. Evidentemente, o orgasmo é *index sui*.

Proust observa que a pergunta "Eu dormi?" significa que dormimos, pois, no estado de vigília, ninguém jamais a faz. O contrário é verdadeiro para o orgasmo. Para cada mulher que se pergunta "Eu gozei?", é preciso responder que não, pois, do contrário, ela não se faria essa pergunta.

Sem dúvida é preciso aceitar a pornografia contemporânea como uma reação ao moralismo anterior. Isso não deve nos cegar: fugir do sofrimento e procurar o prazer não são condutas novas, mas reações naturais, que sempre existiram, e não é por causa delas que somos modernos – somos modernos pela tolerância das opiniões contrárias, pela prática da exatidão e pelos conhecimentos científicos, quando não pelo respeito desses conhecimentos. O desejo em sua veemência invade inutilmente a consciência, não é típico da modernidade. Ele é atual, humano, não é especialmente moderno. É verdade que nossa sociedade, longe de reprimir esses movimentos espontâneos, se compraz em sublinhá-los como nenhuma sociedade anterior o fez. Para surpresa de outros povos, nós dissimulamos a agonia e exibimos o orgasmo. A pornografia está à disposição de todos; a agonia, que por muito tempo foi o momento em que se descobria o sentido de uma vida, é cuidadosamente escondida dos olhares, atrás dos muros do hospital e das práticas anestésicas. Não drogar um moribundo nos pareceria inumano.

Como lembrou Michel Serres, a moralidade estrita das épocas anteriores deve ser inscrita em nosso contexto: o de uma experiência corporal infinitamente mais rude, em que os sofrimentos eram frequentes em comparação com os que nós temos de suportar hoje. A condenação do prazer, que nos surpreende e nos choca, ganha sentido nesse cenário de calamidades. Até os progressos da medicina, no século XIX, a tarefa moral era fazer os homens resistentes aos males inevitáveis. *Sustine!* Que outra mensagem dirigir aos homens antes da descoberta da anestesia? O clássico silêncio sobre a vida sexual não equivale à sua supressão. Ele parte do princípio de que não é útil prescrever aos homens o que eles jamais deixarão de descobrir e praticar.

A persistência da vida sexual é uma alegria da qual seria um erro nos privar enquanto ela existir sem esforço e enquanto os prazeres que dela retiramos não excederem o mal de buscá-los para si. Obrigar-se à sexualidade para corresponder aos cânones da época é uma configuração nova. Uma vida sexual que se mantém por acreditar no valor da sexualidade corre o risco de ser decepcionante — tão sumária e coagulada quanto o conformismo do qual procede. Práticas sexuais também podem persistir como testemunho da benevolência mútua, mas não ganhamos em todas as frentes: a sexualidade branda, por mais amável que seja, não deixa de ser uma sexualidade conservada. Ela perdeu a vivacidade da surpresa e do risco para entrar num regime de economia bem regulada. A atração é o que forma o casal, mas o que o faz manter-se não é a sexualidade a qualquer preço.

O modelo do casal gemelar reluz em todos os casais, por mais sexualizados que sejam. Por detrás do cinema de intensificação dos papéis, os músculos de Tarzan ou as graças de Jane, a aspiração a eles aparece — quer como pausa, quer como repouso. Estar juntos e ser semelhantes, estar no ninho, ser apenas um. Essa identidade imaginada não é o mesmo que a semelhança imediata e real de um casal do mesmo sexo (outras diferenças, notadamente de idade ou de raça, podem, sem dúvida, exercer num casal homossexual o papel excitante e separador da divisão sexuada). Num casal heterossexual, a identidade não é o dado primeiro, imediato e flagrante. Ela é entrevista — quer temida quer desejada — através do fato compacto da diferença sexual. Percebemos a identidade sob a divisão, uma identidade instável que possui algo da ilusão, do temor e da esperança. Da ilusão, porque parece que a alcançamos na descontração do prazer, mas sem dúvida só a alcançamos para perdê-la novamente. Do temor, porque todos temem a idade que apaga o prazer. E da esperança também, como se o casal fosse o lugar em que se testa nossa comunidade.

O que faz os casais permanecerem juntos? Talvez a inércia, e, nesse caso, o destino deles não teria nada de invejável; ou talvez um desejo que temos dificuldade de explicar, pois ele não provém nem da libido nem da *libido sciendi* — nem o esforço prático de manter uma vida sexual contra tudo e contra todos nem o projeto teórico de um conhecimento sempre mais completo do outro oferecem resposta para a pergunta inicial. François Jullien sugere um aprofundamento ilimitado da intimidade, mas essa proposta tem algo de pouco convincente. Tememos a tarefa: quem poderia desejar que outro chegue a conhecê-lo melhor do que ele se conhece a si mesmo? E por que, aliás, esse outro o desejaria?

As respostas inflexíveis — pelo sexo ou pelo conhecimento — não satisfazem inteiramente. Essas duas libidos colaboram para a relação, sem dúvida. Mas a sexualidade costuma ser limitada no tempo. A menos que seja absolutamente caseiro, dificilmente podemos ignorar que um corpo desconhecido excita mais que um corpo familiar. É o que diz Eglé, personagem de Marivaux, quando está prestes a trair um compromisso anterior:

> CARISE: ... não é que ele tenha mais mérito, é que ele tem a vantagem de ser recém-chegado.
>
> EGLÉ: Mas essa vantagem é considerável... é apenas por ser recém-chegado? Apenas por ser outro?[1]

Quanto ao conhecimento, ele abre sem dúvida um campo inesgotável, mas forma um objetivo estranho: no quadro de uma relação analítica, podemos admitir que um terapeuta deseje saber sempre mais a respeito do analisado. Seu objetivo é curar, pelo menos aliviar. Mas, se se trata de viver, o que leva a progredir no conhecimento do outro? Não compreendemos que motivo pode haver para tal aprofundamento, a não ser o mais ciumento desejo de posse. Por que gostaríamos de saber tudo do outro? Cada um vive consigo sem se preocupar em saber tudo de si.

Dois papagaios

Como de hábito, eu assistia a um documentário sobre animais. O programa tratava de pássaros, que me interessam menos do que os mamíferos; eu assistia a ele distraidamente. De repente, surgiram imagens inacreditáveis. Dois pássaros faziam loopings. Eram papagaios, na América do Sul, de um vermelho vibrante sobre o fundo verde da selva. Eu via um casal, se é que de fato era um casal. A voz em off explicava que essa espécie exclusivamente monogâmica passa a vida treinando voo sincronizado. Tendo em vista a dificuldade, os velhos casais são melhores que os casais recentes. Aquele que evoluía sobre o muro verde da floresta produzia um duplo traço de arabescos estupendos. Eles deslizavam juntos, encadeavam figuras: deviam ser bem velhos. Fiquei louca de admiração, como ficamos diante da perfeição de uma flor, da simetria de um cristal ou da pureza de uma pérola: dessas belezas naturais que a catequese de antigamente apresentava como provas da existência de Deus.

A bem da verdade, o espetáculo me surpreendia ainda mais, pois, embora não haja um porquê para a rosa, ela permanece placidamente sem porquê; quanto ao cristal, calemo-nos: ele tem milênios de perfeição atrás e adiante de si. O que eu vi foi uma perfeição fugaz, um desempenho. Sem dúvida, como a rosa, ele não admitia nenhuma explicação além de sua beleza. Aquele voo não acontecia por acaso. Ele aparecia, desaparecia, admirável e transitório. Mas, diferentemente da rosa, era desejado. Ele se originava de uma intenção. Dois seres se esforçaram longamente para o sucesso daquele voo. A beleza sem porquê também era o desejo daquela raça de papagaios, se lhes fosse permitido desenvolver sua natureza. Não era um simples fato da natureza, mas um fato da natureza implicando uma intenção, uma colaboração, sorte. Um papagaio que perde o parceiro certamente continua vivendo, mas é privado de sua distração.

Essa atitude não tem nada a ver com as exibições nupciais que, entre diferentes animais, ganham formas espetaculares. Para estas sempre podemos encontrar motivos darwinistas, vendo nelas a oportunidade dada às fêmeas de selecionar o melhor reprodutor. O voo sincronizado, ao contrário, não serve para nada, a não ser exprimir uma forma de vida. Se o casal progride ao longo de sua existência, ele o faz pelo prazer que encontra nisso, um prazer inexplicável e gratuito. O que os pássaros demonstravam era a vida de casal como um luxo: algo dispensável, evidentemente. O que os indivíduos ganham com esse esbanjamento de energia? Em termos econômicos, eles perdem. Acabam por se cansar, sem proveito nem para eles nem para os outros. A selva seria sempre a selva sem sua dupla acrobacia. Diante daquelas imagens, eu não estava apenas surpresa pela evidência do "estar junto" da qual os pássaros davam uma clara demonstração — mais flagrante, na verdade, do que a de qualquer casal de meu conhecimento. É isso viver a dois: uma arte que tem um fim em si mesma; uma evolução que não serve para nada.

Se o casal fosse apenas uma etapa para pôr filhos no mundo e criá-los, ele se pareceria, depois de os filhos terem partido, com invólucros cujo fruto brotou: castanha podre que foi de um verde suave, vagem mole que foi lisa e inchada. Alguns se parecem com isso, não há dúvida. Sua vitalidade estava associada à progenitura. Eles pouco se animam para o Natal e os aniversários.

Outros, porém, continuam a cuidar de sua sincronia. São os casais que se divertem. Contrariamente aos pássaros, o céu se fecha a seus jogos; mas não faltam campos nos quais a compreensão mútua pode ter seguimento. "Que eles se casem somente se souberem tecer juntos", escreve Michaux.[1] É uma sábia lição do passado. O casal como unidade econômica à qual o aforisma se dirige é mais fácil de imaginar do que o casal contemporâneo que se forma logo como uma unidade de despesa e de distração: os membros do primeiro se sustentam pela necessidade, que é uma corda sólida; os do segundo se mantêm apenas pelo desejo de cultivar o consórcio pelo prazer do consórcio. São laços frágeis, fios da Virgem que por um nada se rompem. É preciso muita atenção para não destruí-los. É paradoxal, mas possível, que seja mais difícil de se divertir do que produzir, mais simples de se apoiar no trabalho do que obedecer a este outro ditado: *que eles se casem se souberem zapear juntos.*

A imagem do voo lembra os casais de dançarinos: Fred Astaire e Ginger Rogers. Eles também unem seus movimentos na fluidez que se abstém de palavra. Mas o voo simultâneo em que nenhum dos pássaros guia o outro fala ao nosso imaginário sedento de igualdade mais do que as danças de casal, por mais perfeita que seja a arte dos dançarinos. O rock e a valsa, a salsa ou o tango supõem uma divisão entre o cavalheiro que conduz e a dama que se deixa conduzir. Essa divisão do ativo e do passivo deixou de nos agradar. Na verdade, ela é enganosa. Basta pormos os pés numa pista de dança para saber que esses termos não correspondem efetivamente à realidade. A dançarina não é menos ativa do que aquele a quem ela "acompanha". Se ela acompanha é porque a dança é gauche: só é bem-sucedida se os dançarinos estão realmente juntos, num movimento indissociável, em que ela antecipa tanto quanto ele estimula. A divisão de papéis é, portanto, a regra primeira de um jogo que consegue anulá-la — com a condição de ser bem executado. Por que é preciso que seja sempre o homem a conduzir? É a pergunta feminista por excelência. É inevitável que a façamos a propósito daqueles que nos torcem o braço ou nos pisam nos pés.

Mas é verdade que seu número excede, e de longe, o de homens que dançam bem.

Existem outras sincronias. A dança e o voo se realizam no espaço. Quanto aos casais, eles evoluem no tempo. Ali eles ganham suas marcas, ali montam acampamento. Cada casal humano se entende a respeito do que é importante: o trabalho, a arte ou a educação dos filhos.

O que o voo dos pássaros me faz lembrar é do pensamento. Não o pensamento com maiúscula, que trata seriamente de um problema e procura explorá-lo, sem omissão, nem distração, mas o pensamento para coincidir: o pensamento que se contenta em adivinhar em que o outro pensa, não para colaborar com ele, menos ainda para contradizê-lo, mas pelo prazer de acompanhá-lo.

Há poucos prazeres comparáveis ao de regular o pensamento com o de outro, de adivinhar o encadeamento secreto que o leva a enunciar esta ou aquela afirmação. Essa satisfação é particularmente viva em público, quando uma união telepática se mantém, atravessando por instantes o tecido grosseiro da conversa geral. Nesse jogo, os velhos casais de fato levam vantagem sobre os jovens amantes. Nesses instantes de compreensão mútua, temos a impressão de voar em dupla, num voo invisível, furtivo, agradável.

Quando adivinhamos o pensamento do outro, não se trata apenas de preencher os vazios. É também porque nos tornamos capazes de engendrar pensamentos semelhantes aos dele. Nesse caso, nós não o seguimos, nós o precedemos. Meu primeiro marido praticava um tipo de brincadeira que por muito tempo me deixou perplexa. Acabei reproduzindo-o. Não nos vemos mais há anos, mas seu espírito marcou o meu: ainda tenho ideias absurdas, dignas dele, em todos os sentidos. Quando sou surpreendida por uma fantasia desse gênero, imediatamente a reconheço como sendo dele. É uma ideia dele, mesmo que venha a mim. Curiosamente, amigos que fiz após o divórcio me identificam por esse tipo de humor. É típico de você dizer uma coisa dessa. Talvez eles tenham razão, mas eu poderia especificar o ano em que me enriqueci com essa aptidão na qual eles reconhecem minha marca própria e, por assim dizer, minha natureza.

Adquirir essa capacidade fazia parte do processo de sincronização que se instalava então, entre ele e mim, e que agora chegou ao fim. Essa brincadeira é órfã do casal anterior, a sobrevivente de outro entendimento. Não vejo mal algum nisso. Podemos amar várias vezes. Podemos nos compreender em várias ocasiões, mas nunca da mesma maneira, pois é preciso se adaptar a cada vez a outro espírito, rico em expressões espirituosas. Certamente devem existir poliglotas do amor. Acontece que é difícil não desconfiar das pessoas de fácil convivência, maleáveis, conciliadoras, que passam de um casal a outro sem dificuldade nem arrependimento.

A espécie de entendimento que eu tento descrever poderia ser tachada de intelectualismo. Não é nada disso. O encontro dos pensamentos pode muito bem se produzir a respeito de fatos materiais. Lembro-me de uma bela loura que acabara de ser deixada pelo companheiro. Ela sofria, e eu estava com dificuldade para aumentar seu moral. Ele a deixara por uma modelo. Enquanto eu procurava consolá-la, tinha um pouco de dificuldade em levar o drama a sério, talvez porque os protagonistas fossem jovens e bonitos. Extremamente. Diria que eles representavam, numa rubrica de celebridades para uso próprio. A loura inutilmente contava os desgostos da vida em comum, eu não acreditava inteiramente: despeito, talvez, ciúme, admitamos, mas na sua idade, desgostos... Verdadeiros desgostos, como os do pombo, *Ai, eu direi, chove...* "Os confidentes são quase sempre acusadores", diz com razão a madame de Duras.[2] A jovem percebeu minhas dúvidas:

— Éramos feitos um para o outro. Tínhamos sempre as mesmas ideias.

— Ideias de que tipo?

— Não sei. Por exemplo, é meia-noite, não dormimos, ele se levanta porque está com vontade de comer queijo branco com xarope de bordo; pois bem, justamente, estou com vontade de queijo branco com xarope de bordo. Isso acontecia o tempo todo com a gente.

Compreendi que eu estava errada. Ela não mentia, ela sofria de ausência. Não era a confluência dos desejos que a animava: ela lamentava verdadeiramente a substância da vida em comum, o "estar junto". *Somos feitos um para o outro*, a eterna ilusão dos casais em formação. Quando faz bom tempo, quando tudo vai bem, é uma ilusão autorrealizadora, pois, se é falso que sejamos predestinados, é verdade que nos fazemos um para o outro. É nisso que consiste um casal.

No início, o movimento de adaptação não custa nada — não se pode dizer quem conduz e quem se dobra. Não sentimos a adaptação como um esforço enquanto ela é motivada pelo desejo. Ao contrário, temos pressa em assimilar o mundo do outro: seus amigos e lembranças, seus gostos, seu modo de ser. Quanto maior o esforço, menos o percebemos: isso acontece naturalmente. Mais tarde, porém, se o casal se desfaz, a facilidade inicial se transforma em obrigação: como ele pôde me impor sua mãe uma vez por semana? Como eu me deixei manipular?

É porque, no início, procurávamos apenas agradar.

A procura do entendimento supõe confiança, quer dizer, a impressão de dispor de um tempo ilimitado. Se tememos ser abandonados, lutamos. Temos coisas mais urgentes a fazer do que essa sintonia fina. É o momento de se queixar ou de se defender, de acordo com os personagens em questão; de endurecer ou de suplicar. Nos momentos críticos, tentamos nos explicar: é a volta das frases e, pelas frases, das cenas.

Numa cena, cada frase pode ser definitiva. Ela quer marcar um ponto, ela desdenha a fluidez. De um modo ou de outro, falamos para acabar com aquilo. Fica ou vai, ela ou eu. Você nunca me... Não minta. Cada frase é esticada por esta mola: vamos terminar! (Se possível, nos meus termos; do contrário, seja o que Deus quiser.)

Quando o casal está mal, a defesa que cada um faz de suas queixas se torna identitária: ela vem antes de tudo, e não somos mais capazes de ceder sobre o motivo da censura, do mesmo modo que não podemos nos separar de nós mesmos. Seria uma covardia, uma desistência, uma submissão. Ao orgulho de resistir soma-se, por vezes, um secreto prazer, quando nos descobrimos *dotados para cenas*. Porque é um talento que nem todos, ou todas, possuem. Temos ou não o dom das frases que acertam o alvo, e marcam pontos. Já que se trata de ganhar, o prazer em questão é sempre limitado. Não haverá o bastante para dois. Não existirá para sempre. Cada ponto marcado aproxima o fim da partida.

O entendimento, por contraste, é um prazer ilimitado. Não seria sensato fazer sua propaganda. É um prazer quando existe, mas é improvável que possamos produzi-lo à vontade.

Esse prazer não tem nada de moral. Não há do que se orgulhar. Do ponto de vista da sociedade, é uma conivência, e a conivência, porque escapa à união geral, é sempre suspeita de se virar contra ela: embora não seja sempre malévola, poderia sê-lo. Nem todos os coniventes são necessariamente conspiradores, mas todos os conspiradores são coniventes.

O prazer dos coniventes é passageiro, mas indefinidamente renovável. Ele nunca se estabiliza (assim que fica muito estável, entedia). No entanto, os membros de um casal podem se divertir desenvolvendo códigos comuns, até mesmo formando embriões de uma língua particular – raramente eles chegam à criptografia que observamos nos gêmeos.

Como eles, os membros de um casal podem ter impressões telepáticas. O mais das vezes são impressões falsas. A telepatia, testada e reconhecida em laboratório, é um fenômeno extremamente raro que não parece concernir senão a poucos gêmeos univitelinos.[3] Em presença um do outro (e não separados por divisórias à prova de som como em experiências de laboratório), a comunicação muda do pensamento é, por vezes, impressionante. E também não se pode minimizar o papel da palavra, embora reduzida a ruídos, nessa comunicação não verbal.

Tentei clarear os dentes com um gel. Era preciso manter a boca fechada por meia hora, todos os dias. Todas as vezes que eu estava ocupada, a boca ardendo com o gel de menta, tive a surpresa de perceber que não nos compreendíamos mais apesar do fato de ele poder falar, apesar de, por minha vez, eu multiplicar as mímicas excessivas, e Deus sabe que o meu repertório é vasto. Deparávamos com contrassensos dignos do professor Girassol. Para acabar com eles, sempre me foi necessário papel e lápis. Isso me obrigou a reconhecer que, o tempo todo, tínhamos uma conversa limitada, fragmentada, feita de interjeições e de meias palavras, menos que nada. Tirem esse menos que nada, e não nos entendemos mais.

Entender-se cada vez melhor é um jogo sem regra prévia, e que se inventa progressivamente.

Nos documentários sobre animais, o jogo é apresentado de modo funcional. É uma característica da fase juvenil, que prepara para as tarefas da vida adulta: a caça, para os carnívoros, as interações com os congêneres, para os animais sociais. Nessa perspectiva, o jogo sempre serve para alguma coisa, sua frivolidade é apenas aparente. Essa brincadeira de pegar é uma aprendizagem e o salto surpresa, uma útil lição. Não é isso que acontece num casal: aqui o jogo não leva a nada, é o jogo pelo jogo. A vida do casal é um jogo sem regra e não prepara para nada. Teríamos muita dificuldade em dizer quem o iniciou, quando acontece. Ele não tem nem começo nem fim – pelo menos é o que pensamos enquanto dura, na atualidade do entendimento. A sincronia que casa a precisão e a vertigem pode dar uma sensação de eternidade. Ela forma uma variante do *sicut deos*. Não temos de temer isso, é apenas por impulsos. Além disso, devemos temer a felicidade? É mais sensato tremer por ela.

A única maneira de romper com o feitiço da previsibilidade não é se apoiar nela como numa parede, mas dedicar-lhe atenção, aprimorá-la, transformá-la numa arte. É o meio para que ela não seja um oceano de tédio, mas a fonte de uma diversão imperceptível e renovada. Infelizmente, esse meio escapa à nossa decisão. Não basta querer. Como o voo sincronizado, a conivência introduz perfeição no transitório. Porque o encontro dos pensamentos associa, não menos que o voo, o exato e o fugaz, o definitivo e o impermanente. Na corrente na qual somos levados, alguma coisa aconteceu, que nos pertence e só a nós: a coincidência clara e nítida, rara e agradável, que nos afirma.

Esse jogo é a própria fluidez, mas ele não tem força: as grandes paixões o destroem, a angústia e o desejo não têm dificuldade em perfurar essas rendas. Contudo, se temos saudade de uma coisa ao olhar para trás, é disso. Mais do que as coisas que adquirimos juntos, mais do que as grandes causas ou as ideias que nos uniam, essas relações furtivas faziam nossa vida. Apelidos íntimos, desenhos rabiscados, alusões carinhosas: a substância do nós estava ali.

O casal e a igualdade

A mulher é o olho do marido, declara Jacob. Ele é guia turístico no Quênia. Vamos passar seis dias juntos, ele, eu e alguns turistas que foram ver os animais selvagens. Habituada a essa imagem por longa convivência com Rousseau, eu não protesto. Prefiro evitar a reação ocidental típica (e por que não o homem, o olho da mulher?):

— O.k., Jacob, pode-se dizer que sim.

— Então, se você concorda, vou acrescentar uma coisa, uma coisa que um amigo me disse. Se uma mulher é o olho do marido, então, quando temos duas mulheres, temos dois olhos.

Aí eu não posso deixar de manifestar meu desacordo diretamente, à maneira ocidental. Jacob se diverte. Com dois olhos, você vê melhor à direita, à esquerda... Ele se apressa a me explicar que tem apenas uma mulher — como tem um nome cristão, é provável que seja verdade. Durante alguns quilômetros, ele continua rindo, apontando para os olhos com dois dedos. Por outro lado, ele está preocupado em me tranquilizar. Uma única mulher lhe basta, muito bem. Eu sou a turista. Sou eu quem decide sobre a gorjeta que deixarei.

Em Nairóbi, durante o pouco tempo em que caminhei na cidade, os homens esbarravam em mim o tempo todo. Eu não desviava rápido o suficiente. Tinha permanecido na hora de Paris.

A igualdade dos sexos tornou-se sinal identitário do Ocidente, bem como os direitos humanos, a aceitação da homossexualidade e a rejeição à pena de morte. Se temos um campo, é esse. Nosso patriotismo democrático passa por aí. Os texanos, que praticam a pena de morte, não são inteiramente ocidentais. Os japoneses – que não se preocupam suficientemente com a igualdade dos sexos e se agarram à tradicional complementaridade – também não. Essa noção revelou recentemente seu potencial reacionário quando o governo islâmico conservador da Tunísia tentou substituir a menção de igualdade dos homens e das mulheres pela de complementaridade na Constituição. Por enquanto, as manifestações bloquearam essa tentativa retrógrada. A complementaridade dos sexos mostrou o que era: um artifício político destinado a bloquear as reivindicações de igualdade.

Não duvidamos de nossos valores mais que um nacionalista francês duvidava, no início do século XX, da reconquista das províncias perdidas. As guerras nacionais nos parecem absurdas, mas reconhecemos nossos deveres em relação às mulheres e às minorias, em relação ao planeta e à humanidade. Esses deveres nos comprometem, são universais: por toda parte, as mulheres e os homossexuais devem ser tratados igualmente. Em parte alguma a pena de morte é admissível, como também não são a tortura, os castigos corporais e os tratamentos degradantes. Porque esses princípios são universais, não percebemos que eles nos particularizam, e desenham claramente, aos olhos dos outros povos, um campo ocidental.

A complementaridade, antes de ser um perigo político, é uma experiência privada perfeitamente corrente. Ela continua a ter sua utilidade e até mesmo seus atrativos. Se o objetivo é aumentar a coesão de um casal, temos todo interesse em pô-la em prática. O cartaz igualitário da divisão das tarefas é uma propaganda mais que uma realidade. Debate-se continuamente a respeito e ela não influencia as condutas. O fato é que é melhor não ser dois para pôr o sal na cozinha: um lar é pequeno. A divisão dos percursos no espaço doméstico é questão de bom senso. Ela se estabelece espontaneamente. Quando o casal está bem, cada um se ocupa com o que tem de fazer sem perguntar se é explorado. Quem faz mais que o outro? Não há nada que permita saber, pois não há comensurabilidade dos trabalhos executados gratuitamente – ora, todas as tarefas relativas ao lar o são, quando se exclui o recurso à domesticidade. Sua variedade, que é a da própria vida, resiste à abstração da igualdade. É mais cansativo levar o carro para a revisão ou lavar o chão? Pintar a janela ou arrumar a casa? Preencher a declaração de imposto ou ir à lavanderia? Essas perguntas não têm resposta, isso varia de acordo com os dias. O casal é uma entidade que se adapta à diversidade das coisas a serem feitas, de acordo com as ocasiões, as pessoas, os humores. Embora se exija igualdade na sociedade como um todo – para trabalho igual, salário igual, quem questionaria –, o que podemos esperar do espaço íntimo é diferente. As atenções são mais importantes do que a abstrata igualdade. Elas são sensíveis. Na casa, tenho necessidade de ser percebida e até mesmo apreciada. É o primeiro papel das atenções: elas são lisonjeiras, e também saudáveis, porque me asseguram de que serei substituída na minha tarefa antes que ela me esmague. Uma tarefa que me fosse atribuída para o resto da vida, sem que eu pudesse me desembaraçar dela, faria de mim uma espécie de mártir da vida doméstica. Empurrar um rochedo que o esmaga não é um meio para se amar os seus por muito tempo.

Toda tarefa, a partir do momento em que a ela somos confinados, torna-se sinônimo de humilhação — não apenas o fato de limpar ou jogar fora o lixo, embora se deva dar atenção especial a tudo que diz respeito à sujeira e ao excremento, e não esquecer que a imundície é causa maior de humilhação, talvez a primeira de todas. A divisão das tarefas deve ser flexível. É preciso que se possa invertê-las de vez em quando, e que nunca pareça uma determinação mecânica. Essa divisão é uma comodidade, e se torna tirânica se significa que julgamos o outro *realmente* incapaz de realizar as tarefas que ele não realiza. Num casal bem-ordenado, tal desprezo não existe: agrada-nos aliviar o outro de alguns fardos, nunca suspeitamos de insuficiência ou inépcia.

Nas democracias ocidentais, as declarações públicas a favor da igualdade escondem práticas privadas de complementaridade, e isso sem má-fé. Porque o móvel da complementaridade na esfera privada não é a opressão, é o bem-estar comum. Nós nos diferenciamos para melhor ajudarmos uns aos outros. Se a complementaridade implica partilhas ancestrais, desde que não seja nem vexaminoso, nem forçado, não vejo nela mal algum. É o exercício de uma liberdade privada. Supondo-se que as partes de um casal escolham reproduzir os mais desgastados estereótipos — a senhora passa roupa e costura, limpa e cozinha; o senhor dirige, caça e pratica esportes —, não vejo nenhum problema nisso desde que ambos ajam de pleno acordo e para o bem de uma entidade — a família — que mantêm em comum, logo, em partes iguais. A divisão que eles escolhem é uma questão de estilo, ela não anuncia uma desigualdade. Mesmo no século XXI podemos desejar ser o olho do marido.

Por isso não reagi à primeira frase de Jacob. Não foi por fleuma, nem por covardia. É porque desconfio da defesa de nossos valores: certo modo de defesa cega nos isola não apenas dos textos do passado — e, de imediato, Rousseau se torna ilegível —, mas também de nós mesmos, tornando incompreensíveis ou culpáveis práticas extremamente correntes. Fazer panquecas se torna sinal de servidão voluntária. Ora, se faço panquecas, não é porque, forçosamente, eu queira comê-las, também não é porque sou alienada: é porque eu não quero saber de um mundo sem panquecas. A divisão de tarefas num lar é problema desse lar. É objeto de uma negociação interna, que não deve estar sob a ação de uma obrigação de igualdade, nem colocada sob a vigilância da sociologia, mesmo que feminista e bem-intencionada.

Eu não reagi à primeira frase de Jacob, mas tive de pular diante da segunda: dedicar-se pelo bem do casal, mesmo que o façamos de modo complementar e diferenciado (mais do que idêntico e igualitarista), não é incompatível com a igualdade, desde que o casal seja visto como *o bem comum* dos parceiros. Imaginem um homem cercado por quatro esposas. A estrutura conjugal exibe uma coisa totalmente diferente: ela mostra que ele goza da situação quatro vezes mais que cada uma das coesposas (isso na melhor das hipóteses). Ora, a intimidade quer igualdade. O contato físico não basta para criá-la. Como num casamento ocidental, a união poligâmica cria uma entidade superior a cada uma das partes, mas, nesse conjunto, o homem consegue benefícios superiores ao que cada uma pode esperar. A poligamia exibe a desigualdade.

Já que nasce mais ou menos o mesmo número de homens que de mulheres, a poligamia não pode exibir a superioridade de um sexo sobre outro sem introduzir uma desigualdade entre os homens. É uma questão de aritmética. Que um homem tenha quatro esposas implica que três bobocas têm zero esposa cada um. É, portanto, surpreendente ver a poligamia tão amplamente aprovada pelos homens. A certeza de sua superioridade, assegurada pelo regime da poligamia, bastaria para consolar a maioria desses homens da ausência real de mulher em suas vidas?

Tudo bem, eu não tenho mulher, mas, graças a Deus, valho mais do que elas. É impressionante como os homens se contentam com esse raciocínio. Isso comprova que a imaginação, rainha do mundo, supera facilmente a realidade.

O outro cômodo

Life can be so sweet
on the sunny side of the street.
BILLIE HOLIDAY

Quando eu era estudante, morava num agradável apartamento de dois cômodos, no primeiro andar de um edifício antigo. O proprietário o pôs a venda; tive de deixá-lo e me mudei para um estúdio moderno — um paralelepípedo cujas duas pequenas faces eram ocupadas por dois grandes janelões envidraçados. Ali nos sentíamos ao mesmo tempo fechados e expostos, mas eu não tinha escolha. Na minha cabeça, era uma solução provisória. É preciso sempre desconfiar do provisório: fiquei ali por mais de vinte anos. Como não gostava do lugar, vivi pouco ali.

Quando acontecia dormir lá, eu às vezes tinha um sonho, sempre o mesmo. Nesse sonho, eu ia pelo corredor que levava ao banheiro e ali, surpresa, diante do banheiro, se abria uma porta. Essa porta dava para outro cômodo. É desnecessário dizer que eu ficava encantada: puxa vida, outro cômodo! Por que é que eu nunca ia ali? Que tolice! Eu acordava com a leve euforia dessa descoberta: havia outro cômodo no corredor, eu simplesmente nunca tinha posto os pés nele. Esse outro cômodo resolvia tudo.

Por que era difícil para mim viver naquele estúdio? Porque, naquelas quatro paredes, tudo estava diante de meus olhos. Não havia nada virtual. Tudo estava ali, grosseira e dolorosamente visível: o livro para acabar de ler, a panela para lavar, os papéis, os calçados. O computador. O cinzeiro. Estava tudo diante de meus olhos, eu estava inteira naquele espaço. Nessas condições, a vida me oprimia. Eu não tinha previsto esse problema quando assinei os papéis na agência. Não via a dificuldade de viver num único cômodo, desde que tivesse tamanho suficiente para guardar minhas coisas. Sem dúvida tenho tendência a me superestimar.

Foi o sonho que me disse que eu precisava de outro cômodo, não para ter um quarto e uma sala de estar, ou um quarto e uma sala de jantar — estou pouco ligando para isso —, mas para ter *um cômodo no qual eu não estou*.

O desejo de viver como casal se parece muito com essa necessidade do outro cômodo. A princípio, não é vital. Foi o que eu pensei ao assumir o estúdio: pode-se perfeitamente viver num estúdio. Não é uma desgraça para o uso: apenas uma dificuldade, mas uma dificuldade garantida. A solidão ganha um aspecto mais carcerário. Não estamos numa prisão, é verdade: nada nos impede de sair. Mas não é um esforço sair? Calçar os sapatos, vestir o casaco? Sem contar que, lá fora, não estamos em casa. Será necessário, portanto, andar, fazer alguma coisa, ter um objetivo. Aturar o olhar dos outros e, às vezes, suas palavras sórdidas. Enquanto, no outro cômodo, eu poderia me espalhar na cama.

O desconforto de ser sozinha se parece muito com uma prisão semiaberta. Rapidamente nos passamos em revista quando vivemos sozinhos, achamos que estamos condenados a andar em círculos. Não se trata de desejar não ser nós mesmos, de modo algum. O que queremos é não mais ficar reduzidos a nós mesmos. A vida a dois abre o jogo. No auge do charme, ela leva de achado em achado: ele vai voltar, vamos tomar chá. Que chegue a noite e a mesa. E se fôssemos dar uma volta no jardim? Ouço sua chave abrir a porta. A simples possibilidade do outro, a eventualidade de seu retorno expandem as impressões que surgem, as vontades simples, as ideias que passam. Nada me parece mais natural que esta anotação de Montaigne: "Nenhum prazer tem sabor para mim sem comunicação. Nem um só alegre pensamento me vem à alma sem que eu me aborreça por tê-lo produzido sozinho, e não tendo a quem oferecê-lo".[1]

Montaigne não está pensando aqui na conjugalidade, mas na companhia de modo geral. A convivência de que ele sente necessidade pode ser amigável, doméstica ou estranha. O gosto por partilhar não implica para ele nenhum monopólio conjugal. Para mim, sim. Preciso de outrem como desse cômodo em casa, para a qual eu poderia ir se quisesse. O outro é um outro eu, um *eu no qual não estou*. Essa definição parece loucamente egocêntrica e escandalosamente possessiva — contudo, estou convencida de que o outro existe por si mesmo, com seus traços distintivos, seus centros de interesse que não me incluem, e seus humores também, não menos cambiantes que os meus. Não ponho em dúvida sua imprevisibilidade, sempre decrescente, mas incompreensível. Reconheço plenamente sua liberdade, embora me aproxime dela assintomaticamente. Se ele é como uma porta milagrosamente vista na parede, é preciso bater antes de entrar, se possível com mão leve. A abertura não é algo conquistado, mas sempre uma esperança. Dizer que o outro é meu não é dizer que ele me pertence como um escravo: é dizer que ele é feito para mim, eu para ele, de modo que uma série de sentimentos inferiores não tem mais uso entre nós. Assim, o medo desapareceu: certamente eu posso ter medo por ele, mas, em caso algum, medo dele.

A maioria dos contatos humanos, mesmo que desprovidos de agressividade, produz uma tensão. Ela é menor quando os contatos são socialmente regulados, como o do estudante e do professor, do paciente e do médico. Nesse caso, cada um sabe mais ou menos seu papel e se esforça para mantê-lo. Logo, porém, que encontramos alguém fora da rede de papéis, a apreensão envolve tudo: O que ele disse? Eu deveria ter rido? Aonde ele quer chegar? Seria necessário responder? Quanto tempo isso vai durar?

Existe um ser que é o fim do embaraço que todos os outros, ou quase, provocam. Para traduzir *significant other* seria preciso chegar a exprimir o alívio das tensões. Falar da vida fácil, falar do cômodo extra e dos verões sem chuva. A paz da casa cruzada por um raio. Dizer que a vida pode ser tão doce no lado ensolarado da rua, como cantava Billie Holiday. A vida doce está lá, ao alcance da mão: basta repor o disco.

Caçoei dos anúncios que exaltam incansavelmente os prazeres da existência, e dos sexólogos que fazem propaganda do orgasmo, como se nós corrêssemos o risco de esquecê-lo. Não estaria caindo no mesmo erro ao celebrar que isso é evidente? "Tomem cuidado para não falar alto, vocês seriam consideradas tagarelas", adverte o grande Montesquieu.[2] Precisamos repetir o que a sabedoria popular disse e repetiu? *Há sempre um chinelo velho para um pé cansado.*

É verdade que a institucionalização do feminismo e sua inserção na paisagem política não mudaram os costumes. Para nos convencermos basta percorrer o correio sentimental ou os anúncios: a caça ao homem ideal está sempre aberta. Ela nunca deixou de estar no auge. Em nossa época, ela é marcada pelo humor e pela angústia, e esse duplo matiz a distingue nitidamente das outras épocas e dos outros países. A distância de si não impede a angústia, é até mesmo seu modo de formulação privilegiado. Segundo a perfeita fórmula de Bridget Jones, as mulheres, depois dos trinta anos, "têm medo de morrer sozinhas e de serem encontradas três semanas depois, meio devoradas por seu pastor-alemão". Descrever o casal como eu tentei fazê-lo é tentar situá-lo sob sua verdadeira luz. Isso exige uma mudança de tom: os complexos físicos e o sentimento de indignidade devem ser afastados, e as caçoadas são lamentáveis exibições. Deve-se procurar uma expansão suave, apenas isso. A angústia e a cólera não ajudam na estranha tarefa de abrir uma porta na parede: mais vale prestar atenção nos seus sonhos — não em todos eles, conforme o maçante exercício da psicanálise, mas naqueles que se destacam, portadores de um enigma e de uma revelação.

Mas por que então apenas mais um cômodo? Não poderíamos sonhar, não com um infeliz segundo cômodo, mas com uma multiplicidade — um castelo, digo mais, um palácio? Por que se contentar com a estreiteza do casal, com a limitação do dois? Somos condenados à monogamia? Em nome do quê? Por quê?

Os teus porquês, disse o deus, não acabariam nunca.[3]

A exclusividade

Não devemos sonhar com esse palácio de mil quartos porque ele é feito para ruir. A desgraça das relações múltiplas é sua instabilidade. Ela não é evitável. A não ser que uma sólida instituição social tranque com duas voltas as diversas esposas, elas tendem a se divertir. É preciso levantar os muros do harém ou do gineceu para que elas não assumam amantes. E, se as mulheres fogem, podemos acreditar que os homens ainda ficarão? É improvável. Até mesmo na modernidade, as mulheres continuam a manter a promessa da duração do amor. Por mais audaciosas que as jovens contemporâneas pareçam, são elas que freiam e contrariam o ciclo da libertinagem. Para termos certeza, basta comparar o consumo sexual desenfreado dos homens homossexuais ao consumo nitidamente mais modesto dos heterossexuais. Não é por falta de vontade: os homens heterossexuais não são menos excitados pela variedade. Mas eles encontram em cada uma de suas amantes um sujeito diferente, que procura emperrar o jogo das trocas e que às vezes consegue. Sem dúvida, as mulheres desejam seduzir e gozar com seus parceiros; mas elas não procuram apenas isso. O que trava as engrenagens é que as mulheres querem ser amadas.

Eu sou capaz de segurar um homem? Posso dar felicidade a uma vida? Do contrário, por quê? O que há de errado comigo? São perguntas inegavelmente femininas: longe de perguntar *o que há de errado*, os homens tendem a se divertir com isso.

Dois motivos conspiram para atrasar o jogo da troca: há inicialmente a preocupação das mulheres com o poder de seus encantos, poder que é algo diferente de seu efeito imediato. Porque a questão não é atrair um amante, mas conseguir satelitizar um homem. A essa primeira preocupação sucede, ou se associa, a procura de um apoio para criar os filhos. São motivos poderosos. Basta esvaziar um a um o reservatório dos solteiros: por volta dos trinta anos as pessoas se estabelecem; a partir dos 25 elas se perguntam se se estabelecerão. Acontece com os colocatários de hoje o que acontecia com as comunidades urbanas de ontem. Por que todos eles fogem, quando a idade chega? Inútil chamar de conformismo e praguejar contra o aburguesamento, o motivo não está aí. As pessoas partem quando então cansadas de segurar vela; partem porque o desamor é vexaminoso, e é humano preferir a solidão à humilhação. Ou então, vagamente envergonhados de reinventar a pólvora, partem para formar um casal simples e novo que permita escapar à velha confusão das ligações inextricáveis.

Na maior parte do tempo, as ligações múltiplas são vividas numa perspectiva de ineditismo e de excelência. "Seremos como ninguém foi, faremos o que ninguém fez." Nós nos encantamos por amar de modo diferente, por viver livremente: por sermos modernos. No trio que forma com Claude Anet e a madame de Warens, Rousseau já se imaginava como descobridor de novas terras: "Assim se estabeleceu entre nós três uma sociedade talvez sem outro exemplo sobre a Terra. Todos os nossos desejos, nossos cuidados e nossos corações estavam em comum".[1]

Tais intimidades não são raras, mas são raramente duráveis. Precárias e propícias às catástrofes, as ligações plurais associam regularmente a miséria das feridas secretas e o orgulho da vida fora das normas, a experiência dos dramas e a força da negação.

Para evitar a inquietação e prevenir o ciúme que quase infalivelmente as ligações plurais suscitam, uma solução consiste em abolir, tanto quanto possível, o espaço privado. "Na minha comunidade", me explica, rindo, uma socióloga agora sexagenária, respeitável e respeitada, "não havia porta." É uma solução radical para a instabilidade das relações. Com todas e todos estando abertos a todos e todas, todo o tempo, não há mais por que temer a rejeição. Os movimentos do desejo, por mais livres que sejam, serão sempre contidos no bocal do habitat comunitário. Essa configuração tem o grande defeito de deixar em situação difícil o desejo inicial, o de uma doce expansão do eu: a comunidade sem porta é uma firme destruição da intimidade. O que significa amar ou ser amado, a partir do momento em que não se escolhe mais? O que eu desejava em sonho não era a abolição de qualquer porta, era que finalmente existisse uma porta que se abrisse para mim.

As gerações descobrem por experiência que a reciprocidade é a configuração mais pacífica entre todas. Não importa que ela não seja jamais verificável, ela é mesmo assim mais crível entre dois do que entre 36. Os mais jovens compreenderão cedo ou tarde que o objetivo da vida de casal é estabelecer a confiança mútua, e que essa confiança não é um dado. Ela não depende definitivamente da bondade que nos é atribuída, ela se cria continuamente pela associação atenta da exclusividade e dos cuidados. Os dois são necessários, pois, se os cuidados sem fidelidade são um insulto, a fidelidade sozinha não basta. Não adianta ser rigorosa;

sozinha, ela é apenas isso, e o rigor não é um encanto. O encanto da monogamia está num verso de Apollinaire: "E lembra-te de que te espero".[2]

É o lema do casal, com a condição de compreender "lembra-te" não como uma injunção, mas como uma prece. Assim compreendido, o último verso de "Adeus" associa a prece à espera, isto é, a atenção à fidelidade. A confiança cresce quando nada me impede de imaginar que o outro pensa em mim como eu penso nele. Para evitar sua preocupação, é preciso que haja apenas um quarto para onde eu possa desejar ir. Reciprocamente, é preciso que só exista eu, não como um objeto de interesse, mas como um outro ele na diversidade do mundo.

Para criar confiança, é preciso, certamente, dar-se ao outro tanto quanto esperamos que o outro se dê. Mas, para dar esse passo, seria preciso não temer, isto é, ser no início o que nos tornaremos quando o casal estiver formado. Como diz Rousseau a respeito de outra questão, seria preciso que o efeito pudesse se tornar causa. É um processo frágil que é melhor evitar parasitar. É sensato expulsar os intrusos, afastar os confidentes e se desfazer dos ex. Podemos considerar deixar o psicanalista. Mas também é preciso convir em que a confiança que iniciamos ao encerrar o jogo erótico não pode nunca se tornar uma certeza absoluta. Todo casal é precário e não pode deixar de sabê-lo. Ele se constitui de dois limites: a pluralidade do mundo que o cerca e a realidade da morte que o espera.

Flor

As histórias de fantasmas provocam medo nas crianças, nitidamente menos nas que vivem na intimidade dos mortos.

A senhora de Houdetot perdeu o amante, Saint-Lambert, depois de uma relação de mais de cinquenta anos. Chateaubriand conta que, todas as noites, a velha senhora, quando ia se deitar, batia no chão com seu chinelo velho, dizendo: "Boa noite, meu amigo".

Chega uma idade em que o mundo dos mortos se torna mais familiar do que a realidade. Por mais misterioso que seja, esse mundo — onde ele fica?, o que fazemos nele? — deixa de ser hostil. Conhecemos mais gente lá do que em outro lugar, e especialmente essas pessoas nós conhecemos melhor. São parentes, amigos, conhecidos; não indiferentes como o novo vizinho. Os velhos não recusam o mundo real por capricho ou conservadorismo. Eles o dispensam por sua falsidade. Dissimuladamente, o mundo rachou. A realidade não se tornou estranha por força de pretensões futuristas, embora ela as multiplique. Bater no grande tambor da novidade é sua alegria, logo nada mais será como antes, nem a língua, nem os costumes, nem o amor, nem a morte, nem o país, nem o clima: tudo muda e tudo mudará. Não é, contudo, a propaganda do novo que torna a realidade estranha como um episódio amnésico. É o permanente desaparecimento dos seres.

Numa festa de família, uma menininha abraça os joelhos da avó.

— Olha, vovó, estamos todos aqui, estamos todos à sua volta.

— Todos? Eu vejo todos aqueles que não existem mais.

Um dia, o mundo fica vazio. Está carente e não sabe. Mesmo que se suponha que existe apenas um mundo, e que paraíso algum acolhe após a morte aqueles que jamais deixaram de se amar, os velhos têm razão de se afastar. Porque, sem acreditar no outro mundo, há muitas razões para não mais acreditar neste. É natural afastar-se de uma realidade mutante e desconcertante. É humano voltar-se para o que prende à vida, por menor que seja: a lembrança daqueles que amamos e que perdemos, mas sem perdê-los inteiramente. Criar um mausoléu ainda é um projeto humano; alguns são admiráveis, e, mesmo se for um mausoléu feito com pedaços de barbante e velhas fotos, não é um absurdo lançar nele suas últimas forças.

Por mais irreligiosos que sejamos, por mais incrédulos que queiramos ser, devemos carregar nossos mortos. Não há como fazer de outro modo. Nós o fazemos com sentimentos variados. Se a admiração e a amizade persistem, o rancor e o ódio não se evaporam de um dia para o outro. Há mortos exasperantes. Mas nós os conservamos, é nosso destino, e ninguém escapa a esse fardo de irrealidade: nós conservamos vestígios a que nada mais corresponde. Se a religião é um euforizante, é porque, aumentando os mortos, ela nos alivia de seu peso. Ela dá uma forma lícita e coletiva à relação desregrada dos vivos e dos mortos — notadamente ao amor absurdo, impossível e perseverante.

O sentimento, desde que procure durar para sempre, toca necessariamente o além. Ele não pode não saber que leva até lá. A morte é seu limite, irritante, como todos os limites. É impossível não pensar no que está atrás; assim como a respeito do universo, supondo que ele seja finito, como a ciência nos ensina. É uma pergunta tão vã quanto irreprimível perguntar-se o que existe do outro lado. É impossível não pensar nisso, impossível também pensar o que quer que seja a respeito. É assim. Do mesmo modo, o amor conjugal pensa no adeus, e sempre mais, ao longo do tempo, embora não haja nada o que tirar desses pensamentos:

> Colhi este ramo de flores
> O outono se foi, lembra-te
> Não nos veremos mais sobre a terra[1]

Até que a morte nos separe é a fórmula do compromisso conjugal. Isso permanece verdadeiro, quer as palavras sejam pronunciadas quer não. Por medo do fracasso, falamos de nos amar longamente, ou o mais longamente possível. O eufemismo é humano. Quando não ousamos dizer "sempre", contentamo-nos em esperá-lo dentro de nós. Acontece que o voto mais íntegro dá lugar ao limite último. Todos sabem disso. Desde o início, ele é visado. Talvez em maior medida pelas mulheres, já que, em média, elas são quatro ou cinco anos mais jovens que os cônjuges e vivem quatro ou cinco anos a mais que eles. Estatisticamente, é preciso preparar-se para esses malditos anos a mais, embora a estatística tenha pouco peso diante do destino individual. O que ela pesa no dia em que o médico nos chama com uma cara comprida para lhe anunciar o resultado de nossa biópsia? Estatisticamente, deveria significar ficar viúva por dez anos, mas, não será o caso.

A vida a dois é uma associação precária, a mais restrita e a mais frágil das associações humanas. É mais uma jangada que uma barca. É feita para se quebrar e se quebrar apenas ao meio, é sua particularidade.

Existem associações feitas para se dissolverem antes da morte dos participantes, como a relação do analista e do analisado, ou o contrato de trabalho; ou ainda como a organização de um acontecimento pontual: a Copa do Mundo de futebol, um colóquio científico sobre *minora scripta* ou uma manifestação reivindicadora. Em todos esses casos, salvo acidente, os que tiveram a iniciativa do acontecimento ou da relação sobreviverão. Inversamente, existem associações feitas para permanecer após o falecimento de seus membros: os corpos políticos, os grandes partidos, os corpos intermediários ou algumas empresas. O casal é uma forma de associação manca, tendo um pé de cada lado. Ele possui algo do provisório e do definitivo. Ele é feito para durar para sempre, com certeza. Ele é também destinado a decepcionar essa esperança: é uma associação que deve se desfazer *antes* da morte de um dos parceiros, logo uma instituição híbrida, uma incerteza instituída.

Para o que morre primeiro, e apenas para ele, lamentavelmente, o casal representa plenamente seu papel. O outro é deixado no meio do vau. Para o sobrevivente, o "sempre" sentimental revela-se uma mentira, enquanto o morto teve o prazer de morrer, acreditando nele. É, portanto, uma promessa meio falsa, meio verdadeira. Independentemente do dom-juanismo impenitente dos homens, podemos compreender que espíritos quadrados recusam-se a se entregar, na condução de suas vidas, a essa fórmula indecisa: o verdadeiro provisório lhes parece mais franco do que essa instituição duvidosa, máquina em que, na melhor das hipóteses, só a metade funciona. Por que subir numa barca destinada a furar? Esses são os adeptos do "pedaço do caminho" para se fazer juntos, uma posição que consiste em enquadrar o casal no modelo do contrato ou dos acontecimentos pontuais: o indivíduo compreende então o casal como uma sequência que lhe pertence, mas ele não está incluído no casal. Não se trata mais de formar a dois uma entidade superior a cada uma das partes, não se trata mais de construir a arca que não abriga mais até o fim. É uma recusa que tem o mérito do realismo: para se orientar na vida, o interesse individual fornece indicadores mais seguros que a efusão sentimental. Os homens não têm a exclusividade disso. Lembro-me de uma avó que começava suas frases dizendo: "Quando um de nós estiver morto...". Seguiam-se frases variadas: "Pretendo ir às Canárias", "Vou redecorar o banheiro", "Vou me mudar para uma casa com jardim". Não sei se a vida lhe permitiu realizar seus planos. Às vezes somos muito mais casados do que pensamos.

Lembro-me também de um velho casal do interior. Eram boas pessoas, hospitaleiras e sorridentes, Filêmon e Báucis em torno de uma toalha impermeável. *Télé Z*. *Notre Temps*. A assinatura do France Loisirs. Quando nos tornamos próximos, próximos o bastante para que eles me contassem suas preocupações, descobri, para minha surpresa, que eles falavam da morte durante o dia inteiro: teriam de partir juntos, e se sim, quando? Por que meio? Do contrário, o que fazer com o sobrevivente? Eram longos debates, mais monótonos do que depressivos. Para ser franca, eles me entediavam, mas não me assustavam. Porque no fundo não era senão a variante de um tema: como viver sem você?

Como viver quando mais ninguém saberá a língua que falávamos? Teremos, eu ou você, força para manter ao longo do dia a pesada conversa de todo mundo? A entediante língua em que não se pode omitir nada... O sobrevivente de um casal é o último dos moicanos. Sua situação de isolamento é inimaginável. Como podemos assumir o segundo plano da vida privada? O que pode significar não ter outro modo de vida a não ser o público? Como isso é possível, especialmente quando as forças declinam? Quem pode fornecer o enorme esforço de adaptação, e sem a menor retribuição afetiva? Entrar na época árida em que nada feliz voltará a acontecer.

Só podemos pensar nisso, não há nada a pensar disso.

Yves Lelong era um homem de letras do século passado. Éramos quase da mesma idade. Ele praticava de boa vontade a confissão cômica em seus livros e na vida. A autoficção ainda não era um gênero forte no mercado, e seus livros não vendiam. Nos jantares, ele contava seus fracassos com verve cínica. Falava muito mal da família, dos amigos mais dedicados. Os convidados ficavam atentos às suas palavras, e também porque a autodestruição tem algo de cintilante. Via-se que ele assumia riscos ao fazer caçoadas acidamente. Nada o impedia. Ninguém pode deixar de olhar os equilibristas.

Um dia, quando caminhávamos por Paris — estávamos sem público naquele dia, não havia nenhum risonho para apoiá-lo —, falamos sinceramente de nossas vidas. Tínhamos chegado aos trinta. Ele era professor em Paris numa escola particular e costumava sair com moças muito jovens, geralmente agressivas — do tipo piercing e crises de nervos. Eu ensinava num liceu do interior, e tinha tomado outra direção. Eu era conjugalista. No final de uma conversa que me parecera sincera, tanto de sua parte quanto da minha, ele me disse que desejava que eu fosse feliz no meu bunker. Era ultrajante e especialmente desconcertante. Eu ainda não tinha compreendido que pessoas muito brilhantes podem ser totalmente surdas.

É absurdo pensar que o casal seja um antro destinado a garantir a segurança de seus membros. De imediato vi ali outra coisa: uma oportunidade de liberdade, uma amplitude na vida familiar, a possibilidade do lazer e do jogo. A união não é um entrincheiramento, mas um desenvolvimento. O contrário de um bunker: um alçar voo. Esse voo a dois não oferece nenhuma garantia. A não ser que se conte com o duplo suicídio, o que dificilmente pode ser considerado uma opção sensata, o casal é uma entidade feita para durar menos que uma de suas partes. Não formamos semelhante entidade para nos proteger. Ela não protege.

Um dia, será preciso se afastar, ideia terrível. Não restará de nós, na melhor das hipóteses, senão um pensamento carinhoso e fiel, teimoso, extenuado nos escombros dos últimos dias.

Perfume do tempo ramo de flores
E lembra-te de que te espero.

Notas

UMA PERGUNTA EM SUSPENSO [pp. 9-11]

1. Jean de La Fontaine, *Fables*, livro VII, fábula 5, "La fille". [Ed. bras.: *Fábulas*. Trad. de Leonardo Fróes. São Paulo: Cosac Naify, 2013.]

PERMANECER EM REPOUSO NUM QUARTO [pp. 12-20]

1. Blaise Pascal, *Pensées*, "Misère de l'homme sans Dieu", Brunschvicg 131. [Ed. bras.: *Pensamentos*, "Miséria do homem sem Deus". Trad. de Mário Laranjeira. São Paulo: Martins Fontes, 2005.]
2. Jean-Jacques Rousseau, *Rousseau, Juge de Jean-Jacques*, "Deuxième dialogue", *OC*. Paris: Gallimard, Pléiade, t. I, p. 865.
3. Blaise Pascal, op. cit., Brunschvicg 139.
4. Benjamin Constant, carta a Isabelle de Charrière, 6 jul. 1793. *Benjamin Constant-Isabelle de Charrière, Correspondance*. Paris: Desjonquères, 1996, p. 165.
5. Jean-Jacques Rousseau, *Les Rêveries du promeneur solitaire*, 5e Promenade, *OC*. Paris: Gallimard, Pléiade, t. I, p. 1048. [Ed. bras.: *Os devaneios do caminhante solitário*, quinto passeio. Trad. de Julia da Rosa Simões. Porto Alegre: L&PM, 2008.]

6. Jean-Jacques Rousseau, *Rousseau, Juge de Jean-Jacques*, op. cit., p. 813.

SOBRE A PREVISIBILIDADE [pp. 21-5]

1. Liev Tolstói, *Bonheur conjugal*. Trad. de Sylvie Luneau e Boris de Schoelzer. Paris: Gallimard, Folio, 2012, p. 92. [Ed. bras.: *Felicidade conjugal*. Trad. de Maria Aparecida Botelho Pereira Soares. Porto Alegre: L&PM, 2008.]

2. Sarah Bakewell, *Une vie avec Montaigne*. Paris: Albin Michel, 2013, p. 221, citando Montaigne, *Ensaios*, III, 13, conforme Diógenes Laércio, *Vidas e doutrinas dos filósofos ilustres*, II, 36.

3. François de La Rochefoucauld, *Maximes*, máxima fornecida pelo suplemento da edição de 1693, 48. [Ed. bras.: *Reflexões ou sentenças e máximas morais*. Trad. de Rosa Freire d'Aguiar. São Paulo: Companhia das Letras, 2014.]

4. Jean Giraudoux, *Électre*, ato 2, cena 6.

5. Montesquieu, *Lettres persanes*, carta LV, de Rica a Ibben. Le Livre de Poche, edição de Paul Vernière revista por C. Volpilhac-Auger, 2006, p. 160. [Ed. bras.: *Cartas persas*. Trad. de Antonio Geraldo da Silva. São Paulo: Escala, 2006.]

6. Denis Diderot, *Supplément au voyage de Bougainville*, "L'Entretien de l'aumônier et d'Orou", Le Livre de Poche, 1995, p. 58. [Ed. bras.: *Suplemento à viagem de Bougainville*, "Diálogo do capelão e de Oru". In: *Os pensadores*. Trad. e notas de Marilena de Souza Chauí e J. Guinsburg. São Paulo: Abril Cultural, 1979.]

DOÇURA DAS COISAS [pp. 26-32]

1. Tom Wolfe, *Un homme, un vrai*. Trad. de Benjamin Legrand. Paris: Laffont, 1999, p. 174. [Ed. bras.: *Um homem por inteiro*. Trad. de Paulo Reis. Rio de Janeiro: Rocco, 1999.]

2. Ibid.

SOBRE A INTIMIDADE [pp. 33-43]

1. François Jullien, *De L'Intime*, Paris: Grasset, 2013.

2. Jean-Jacques Rousseau, *Les Confessions*, livro III, *OC*. Paris: Gallimard, Pléiade, t. I, p. 107. [Ed. bras.: *As confissões de Jean Moulin--Jacques Rousseau*. Trad. e prefácio de Wilson Lousada. Rio de Janeiro: Tecnoprint, 1992.]

3. Ibid.

4. Ibid.

5. Jean-Jacques Rousseau, *La Nouvelle Héloïse*, primeira parte, carta LV, nota. [Ed. bras.: *Júlia, ou A nova Heloísa*. São Paulo: Hucitec, 2006.]

6. François Jullien, op. cit., p. 115.

7. Ibid., p. 140

8. Ibid., p. 149.

9. Ibid., p. 135.

10. Ibid., p. 149.

11. A esse respeito ver Adélaïde Cron, *Mémoires féminins de la fin du XVII*[e] *à la période révolutionnaire*. Presses de la Sorbonne Nouvelle, 2014.

12. François Jullien, op. cit., p. 149.

13. Jean-Jacques Rousseau, *Les Confessions*, op. cit.

14. François Jullien, op. cit., p. 149.

ASPIRAÇÃO À AUTONOMIA [pp. 48-57]

1. Nathalie Heinich, *États de femme. L'identité féminine dans la fiction occidentale*. Paris: Gallimard, 1996. [Ed. port.: *Estados de mulher: A identidade feminina na ficção ocidental*. Lisboa: Editorial Estampa, 1998.]

2. Amós Oz, *Une Histoire d'amour et de ténèbres*. Paris: Gallimard, Folio, 2002, p. 53. [Ed. bras.: *De amor e trevas*. Trad. de Milton Lando. São Paulo: Companhia das Letras, 2005.]

3. Jean de La Bruyère, *Les Caractères*, "Des femmes", p. 61.

4. Jean-Jacques Rousseau, *Émile et Sophie ou Les Solitaires*, *OC*. Paris: Gallimard, Pléiade, t. IV, p. 905. [Ed. bras.: *Émile e Sophie, ou Os solitários*. Trad. de François Galler. São Paulo: Hedra, 2014.]

5. Cf. Eva Illouz, *Pourquoi L'Amour fait mal*. Paris: Seuil, 2013.

OS DOIS POMBOS [pp. 58-63]

1. Jean de La Fontaine, *Fables*, livro IX, fábula II.
2. Ibid.
3. Ibid.

VIDA DE CASAL E MORALIDADE [pp. 64-75]

1. François Jullien, op. cit., p. 195.
2. Jean-Jacques Rousseau, *Émile*, livro V, *OC*. Paris: Gallimard, Pléiade, t. IV, p. 720. Ortografia atualizada. [Ed. bras.: *Emílio, ou Da educação*. Trad. de Sérgio Milliet. Rio de Janeiro: Bertrand Brasil, 1992.]
3. Ibid., p. 737.
4. Ibid., p. 767.
5. Jean-Jacques Rousseau, *Projet de Constitution pour la Corse*, *OC*. Paris: Gallimard, Pléiade, t. III, p. 910. [Ed. bras.: *Projeto de Constituição para a Córsega*. In: *Obras de J. J. Rousseau*. Trad. de Lourdes Santos Machado. Rio de Janeiro: Globo, 1962.]
6. Id., *Fragments séparés*, p. 941.

O DESEJO DE DURAR [pp. 76-81]

1. Pierre de Marivaux, *La Dispute*, cena XV.

DOIS PAPAGAIOS [pp. 82-91]

1. Henri Michaux, "Tranches de savoir", *Face aux verrous*. Paris: Gallimard, 1992, p. 71.

2. Mme de Duras, *Ourika*. In: R. Trousson (Org.), *Romans de femmes du XVIII*[e] *siècle*. Paris: Laffont, Bouquins, 1996, p. 987.

3. Sobre a telepatia dos gêmeos, ver Lawrence Wright, *Les Jumeaux et leur jumeau* (Paris: Odile Jacob, 1998), pp. 68-70.

O OUTRO CÔMODO [pp. 98-102]

1. Michel de Montaigne, *Essais*, III, 9, edição de Balsamo, Magnien e Magnien-Simonin, Gallimard, Pléiade, 2007, p. 1032. [Ed. bras.: *Ensaios*, III. Trad. de Rosemary Costhek Abílio. São Paulo: Martins Fontes, 2002.]

2. No original, *caillette*, em desuso: designa uma mulher que fala muito e de modo incoerente. [A tradução optou por "tagarela".] Cf. Montesquieu, *Pensées*. Paris: Laffont, Bouquins, 1991, pensamento 1064, p. 389.

3. Voltaire, "De la nature de l'homme", sexto discurso, *Discours en vers sur l'homme*.

A EXCLUSIVIDADE [pp. 103-6]

1. Jean-Jacques Rousseau, *Les Confessions*, livro V, *OC*. Paris: Gallimard, Pléiade.

2. Guillaume Apollinaire, *Alcools*, "Adieu". [Ed. bras.: *Álcoois*. "Adeus". Trad. de Mario Laranjeira. São Paulo: Hedra, 2013.]

FLOR [pp. 107-13]

1. Guillaume Apollinaire, op. cit.

ESTA OBRA FOI COMPOSTA PELA ABREU'S SYSTEM EM INES LIGHT
E IMPRESSA EM OFSETE PELA LIS GRÁFICA SOBRE PAPEL PÓLEN BOLD DA
SUZANO PAPEL E CELULOSE PARA A EDITORA SCHWARCZ EM JULHO DE 2017

FSC
www.fsc.org
MISTO
Papel produzido a partir de fontes responsáveis
FSC® C112738

A marca FSC® é a garantia de que a madeira utilizada na fabricação do papel deste livro provém de florestas que foram gerenciadas de maneira ambientalmente correta, socialmente justa e economicamente viável, além de outras fontes de origem controlada.